DENI

COURIR LENTEMENT AFIN DE COURIR PLUS VITE ET PLUS LONGTEMPS

2E ÉDITION

Courir lentement afin de courir plus vite et plus longtemps (2e édition)
Denis Boucher

ISBN : 978-2-925189-03-9 (PDF)
ISBN : 978-2-925189-04-6 (Imprimé)

AVERTISSEMENT ⓘ

Cet ouvrage a pour but de vous enseigner comment améliorer votre condition physique. L'application des renseignements fournis dans ce livre ne garantit aucun résultat. Le contenu de ce livre est fourni à titre d'information uniquement, et ne constitue pas un avis professionnel sur quelques sujets que ce soit. Cet ouvrage ne remplace d'aucune manière les conseils d'un médecin qualifié, d'un professionnel de la santé, d'un entraîneur qualifié ou d'un professionnel de la forme physique. Vous devez toujours demander l'avis d'un professionnel de la santé qualifié pour toute question que vous pourriez avoir concernant votre condition médicale et votre état de santé avant de commencer un programme d'entraînement tel que présenté dans le présent ouvrage. Prenez note que toutes les questions concernant votre état de santé nécessitent une surveillance. Ni votre acquisition, ni votre utilisation de cet ouvrage n'établissent une relation médecin-patient, client-entraîneur ou toute autre relation, entre vous et l'auteur. Par ailleurs, ni l'auteur, ni aucune personne associée à cet ouvrage ne seront tenus responsables pour toute blessure, toute perte ou tout dommage causé à toute personne agissant ou s'abstenant d'agir en fonction d'informations découlant directement ou indirectement de ce livre. Enfin, l'application des techniques, des idées et suggestions présentées dans cet ouvrage est faite à la seule discrétion et au risque du lecteur.

Si vous présentez des problèmes musculaires ou articulaires, des problèmes de santé, des troubles cardiovasculaires ou pulmonaires, des facteurs de risque pour la santé tels : consommation de tabac, hypertension, diabète, taux de cholestérol élevé, stress, ou si vous ressentez de la fatigue ou de l'essoufflement au repos ou pendant un effort léger, il est important que vous obteniez l'autorisation de votre médecin avant d'entreprendre un programme d'entraînement.

TABLE DES MATIÈRES

INTRODUCTION

La première édition de ce livre a connu un énorme succès. J'ai reçu des dizaines de commentaires de coureurs qui m'ont remercié d'avoir publié ce livre, car il a changé leur approche de la course à pied et amélioré leur vie pour le mieux. Bon nombre d'entre eux avaient tout simplement arrêté la course à pied en raison d'épuisement et de blessures récurrentes. Mais, en maîtrisant les connaissances proposées dans ce livre, ils ont enfin pu recommencer à courir, sans subir les conséquences négatives des entraînements «de malade» qu'ils s'imposaient, croyant que c'était la seule façon de s'entraîner.

Malheureusement, je me rends compte à quel point la physiologie de l'exercice reste le parent pauvre de l'entraînement. Les coureurs veulent courir plus vite, c'est tout. Et, afin de courir plus vite, ils font ce que tous les autres font : ils courent le plus vite possible, le plus souvent possible.

Pourtant, il y a tellement plus derrière cet écran de fumée. Tant de facteurs qui déterminent si vous progressez, ou régressez.

Nos croyances nous façonnent. Elles déterminent nos pensées et prédisent nos comportements. Malheureusement, nous remettons rarement en question nos croyances, car elles nous appartiennent. Nous les chérissions et les nourrissons. Même face à l'évidence qu'elles ne nous conduisent nulle part, nous résistons et tentons de prouver leur valeur à nos yeux et aux yeux de tous. D'ailleurs, n'est-il pas béni celui ou celle qui prêche plus haut et plus fort que tous les autres ses croyances ? Ainsi, le monde écoute et croit y trouver la vérité.

De mon côté, ma formation scientifique m'amène à penser autrement. Pour moi, dans la plupart des cas, l'entraînement ne vaut rien. Il ne possède aucune utilité, s'il ne vous permet pas d'atteindre votre objectif, s'il vous conduit à l'épuisement ou à des blessures récurrentes. Le problème réside aussi dans le fait que si vous dîtes à votre entraîneur ou à un ami que vous êtes épuisé ou constamment blessé, on vous traitera probablement de mauviette. Votre ego risque alors de s'en trouver affecté, vous vous remettrez personnellement en question et vous vous sentirez coupable de paraître aussi faible.

Personnellement, je pense que dans de telles circonstances l'approche scientifique permet de résoudre tous les problèmes que nous subissons en raison de nos croyances trop souvent erronées.

Ainsi, quelle est-elle cette approche scientifique qui permet de voir le monde sous un jour différent et plus efficace ? Il suffit de se poser la bonne question afin de trouver la bonne réponse. Pour y arriver, il suffit de penser à ces trois questions fort simples comme modèle scientifique.

Question 1 : Quel est le problème ?

Je m'entraîne sérieusement et tente de me dépasser à chaque entraînement, pour seuls résultats : l'épuisement, les blessures ou l'absence de progrès.

Question 2 : Pourquoi est-ce ainsi ?

Réponses possibles :

1. Parce que mon entraînement m'impose un stress physiologique qui dépasse ma capacité d'adaptation.
2. Parce que je ne tiens pas compte de tous les déterminants qui influencent ma performance.
3. Parce que je ne poursuis pas le bon objectif.

Question 3 : Quelle est la bonne stratégie à employer ?

Simple :

1. Comprendre la physiologie de la course à pied.
2. Évaluer ma capacité (VO_{2max} et zones).
3. Déterminer l'écart qui existe entre ma capacité actuelle et celle que je dois atteindre.

4. Établir un programme d'entraînement personnalisé qui me permettra d'améliorer les paramètres physiologiques afin de progresser vers mon objectif.

5. Intégrer à mon entraînement les déterminants de la performance : nutrition, biomécanique, repos, sommeil, psychologie sportive, planification, etc.

6. Évaluer régulièrement mes progrès afin de définir de nouveaux objectifs et d'ajuster mon programme d'entraînement en conséquence.

Je le sais, ce genre de travail est complexe et ardu. Ainsi, il est plus facile pour la plupart des coureurs de demeurer «unidimensionnel» et de simplement courir le plus vite possible, le plus souvent possible. Pourquoi faire ce qu'il faut pour améliorer vos performances, alors que vous faites tout de travers en croyant que vous faites pour le mieux?

Ainsi, je vous invite, le temps de lire ce livre, à découvrir à quel point l'amélioration de vos capacités intègre bien plus d'éléments que la plupart des coureurs ne l'imaginent. Vous êtes partant?

Dans cette deuxième édition, j'ai éliminé des sections que je trouvais redondantes ou superflues. Mais, j'ai ajouté l'élément, qui selon les commentaires des lecteurs, manquait à la première édition : le protocole pour effectuer un test de VO_{2max}, et définir vos zones physiologiques.

Dans la quatrième partie intitulée : comment planifier votre progression. Je vous propose une liste de vérification d'étapes à franchir au cours des six prochains mois afin d'améliorer considérablement vos performances.

À vous maintenant de mettre en application les stratégies proposées dans ce livre… ou de continuer à courir le plus vite possible, le plus souvent possible, et de stagner.

PARTIE 1
COURIR INTELLIGEMMENT

01
J'AI VÉCU LA PRÉHISTOIRE DE L'ENTRAÎNEMENT

J'ai commencé à pratiquer le karaté à l'âge de 14 ans. Afin d'améliorer mon cardio, la course devenait alors incontournable. J'ai donc été initié à la course avec les bonnes vieilles connaissances de l'époque : il faut courir n'importe quelle distance le plus rapidement possible.

Donc, s'entraîner à la course signifiait simplement… courir. Les « entraîneurs » m'ayant initié à la course à pied ne parlaient aucunement des notions de durée, volume et intensité d'entraînement. J'ai donc, à mes débuts, visé des distances de 10 km.

À l'âge de 15 ans, je participais à mon premier demi-marathon. Celui-ci était organisé par ma fédération de karaté. Juste avant le départ de la course, un des coureurs me dit : « Tu vois ce gars, ne tente surtout pas de le suivre ». J'avais bien sûr compris que le gars en question devait courir vite. Mais quand le départ fut donné et que je l'ai vu partir en trombe, mes mâchoires ont décroché et je me suis dit « il ne peut certainement pas parcourir 21 km à cette vitesse ». Eh bien oui, il a laissé tout le monde derrière. Je ne me souviens pas du temps qu'il lui fallût pour compléter la distance, mais je me souviens d'une chose, il était une « machine » incroyable. C'était en 1979. Son style élégant m'avait tellement impressionné qu'il est resté gravé dans ma mémoire.

J'ai eu la chance de le côtoyer dans de nombreux entraînements au karaté (car il était détenait aussi une ceinture noire en karaté) et de le voir courir à quelques occasions par la suite. Je l'ai perdu de vue aux alentours de 1985 (non pas parce qu'il courait trop vite, mais parce que nos chemins se sont séparés). À l'été 2016, plus de 30 ans plus tard, je courais sur une piste cyclable de Québec. Au loin devant moi, je vois cette « machine de guerre » arriver à toute vitesse. Avant même de voir son visage, j'avais reconnu son style. Nous nous sommes croisés, nous saluant d'un signe de tête. Trente ans plus tard, il était sûrement moins rapide qu'à l'époque, mais en le croisant, je n'en étais pas si certain. Oui, ce « gars » était construit pour courir.

En 1980, à l'âge de 16, j'entreprenais mon premier marathon. Celui-ci, encore une fois organisé par ma fédération de karaté, se déroulait à l'Île d'Orléans, une petite île près de la ville de Québec, situé au cœur du fleuve St-Laurent. Je m'étais entraîné avec les connaissances que je possédais. Et vous pouvez vous imaginer qu'elles ne valaient pas grand-chose à cette époque. Mais, « grâce » à ma confiance en mes capacités, j'étais si convaincu d'être au « top », qu'il ne m'est jamais venu à l'idée de demander à ce coureur qui m'avait tant impressionné des conseils.

Et, voilà donc le départ donné. Je cours. 10ᵉ kilomètre, tout va bien. Certains ont trop poussé et abandonnent déjà. 20ᵉ kilomètre, tout va merveilleusement bien. Encore plusieurs abandons. Mais pour moi, tout se déroule bien. 30ᵉ kilomètre, un peu de fatigue, rien de majeur cependant. 32ᵉ kilomètre, il me semble que la fatigue progresse maintenant très rapidement. Mais, sachant que j'ai un moral à toute épreuve et que je suis extrêmement tolérant à la douleur, je « sais » que je pourrai franchir les 10 derniers km. 36ᵉ km, je franchis la pointe est de l'île, ensuite une montée, et devant moi une route qui s'étend à perte de vue. Je suis seul. Personne derrière et personne devant. Et boum! L'impact psychologique s'ajoute à la fatigue physique. Il ne me reste plus que 6 km à parcourir, mais je n'arrive plus à contrôler mes pensées. Je perds le contrôle… et j'abandonne.

Le jeune homme que j'étais venait donc de découvrir la dimension psychologique de la course à pied. Plus tard, je réaliserais aussi deux choses importantes : courir ne suffit pas et, il faut gérer efficacement ses réserves énergétiques.

À 18 ans, j'ouvrais mon école de karaté et je débutais également mes études en physiologie de l'exercice. La course demeurait le moyen pour moi d'atteindre le cardio idéal. Et ici « cardio idéal » se voulait un concept relativement abstrait.

Je variais mes entraînements à la course. Deux distances me plaisaient particulièrement : 10 et 18 km. Je les parcourais sur les Plaines d'Abraham à Québec. Lieu même où le 13 septembre 1759, l'armée Britannique vainquit l'armée Française et prit ainsi possession de la ville de Québec. Un lieu d'une beauté exceptionnelle. Je parcourais 10 km en 32 minutes. Cela me satisfaisait. Effectuant mes études dans un environnement où l'entraînement constituait une «religion», je suis donc allé rencontrer quelques coureurs d'expérience afin d'obtenir des conseils afin d'améliorer mes performances. Étonnamment, la seule information que j'ai pu obtenir (ou que j'ai pu comprendre) fut que pour un marathon il fallait courir de 80 à 120 km par semaine afin d'améliorer mon temps.

Voilà alors qu'un étrange problème se présentait. J'étudiais, je donnais 20 heures de cours de karaté et d'autodéfense par semaine, je m'entraînais pour devenir un meilleur karatéka et je tentais d'y ajouter de la course. J'ai commencé alors à comprendre la notion de spécialisation. Si tu désires devenir un athlète professionnel dans une discipline, tu dois t'y investir totalement. Ma priorité étant le karaté, la course demeurerait un entraînement secondaire. Il faut choisir son camp un jour ou l'autre. C'est ce qui fait la différence entre un athlète professionnel et le reste d'entre nous. L'athlète professionnel investit tout son temps dans sa discipline.

Mes années d'études en physiologie de l'exercice se sont poursuivies. Je cherchais ardemment à comprendre comment améliorer mes performances. Tant au karaté qu'à la course. Les principales notions véhiculées lors de mes premières années d'études universitaires concernaient la notion de VO_{2max}, d'entraînement en endurance ou en haute intensité. Les notions de qualités musculaires ou cardiovasculaires n'étaient pas clairement définies… enfin à mon avis. En somme, pour être bon, il fallait posséder un VO_{2max} élevé. Plusieurs pensent peut-être que l'entraînement par intervalles de haute intensité s'avère une notion récente, mais déjà à cette lointaine époque, nos professeurs nous parlaient de ses « mérites ».

Bon, me voilà à la fin d'un baccalauréat où j'ai appris comment utiliser différents types d'entraînement… Et puis après? En fait, il me manquait beaucoup de connaissances. La connaissance la plus importante de toutes, je l'ai comprise et maîtrisée lors de mes études supérieures. Quelle est-elle? Comprendre les mécanismes qui régissent l'adaptation physiologique.

Pour ma part, je courais toujours. Avec en tête cette étrange pensée dominante : le temps. Oui, toujours courir contre la montre. Comment aurais-je pu penser autrement, alors que la performance sportive repose sur cette course contre la montre? J'ai donc commencé à éprouver moins de plaisir à courir. Chercher à toujours faire mieux sans vraiment y arriver et sans savoir vraiment comment y arriver. Bien sûr, j'ai lu bon nombre de livres sur la course. Certains s'avérant très intéressants et d'une grande utilité, mais je n'arrivais pas à saisir.

C'est donc à partir de 1995, où j'ai commencé à effectuer de nombreux tests de VO_{2max} au moyen d'un analyseur de gaz respiratoires que les secrets de la physiologie humaine se sont révélés à moi dans toute leur splendeur et complexité.

Chaque humain possède sa propre physiologie et répond différemment à un programme d'entraînement. Un programme réputé comme exceptionnel l'est possiblement pour certaines personnes, mais pour d'autres, il peut avoir un impact négatif.

Je commençais à comprendre que le terme entraînement ne signifie absolument rien s'il ne répond pas à un critère particulier, soit : être une stimulation qui engendre une adaptation physiologique.

Vous me direz peut-être que tout entraînement répond à ce critère, mais :

- Avez-vous déjà subi les contrecoups du surentraînement?
- Stagnez-vous depuis plusieurs mois, même en suivant le « meilleur programme d'entraînement du monde ».
- La fatigue s'avère-t-elle la seule résultante de l'entraînement?

- Souffrez-vous de blessures fréquentes qui prennent trop de temps à guérir?

Si c'est le cas, ne voilà donc pas la preuve que votre entraînement ne produit aucun résultat positif, aucune adaptation physiologique?

Mes plus grandes interrogations sont apparues au moment où je me suis mis à comparer les VO_{2max} de différents clients. Ainsi, il y a plusieurs années, j'évalue le VO_{2max} d'un homme de 42 ans qui marche 5 heures chaque semaine. Quelques jours plus tard, je procède à un test de VO_{2max} auprès d'un marathonien amateur de 35 ans qui court, au moment où je le teste, 70 à 80 km par semaine. Résultat, l'homme qui marche atteint un VO_{2max} de 51, ce qui est vraiment très bien pour quelqu'un qui ne fait que marcher. Le coureur, pour qui je m'attendais à un VO_{2max} aux alentours de 58 à 62, n'obtient qu'un résultat de… 51. Alors, deux questions hantent mon esprit. Comment un coureur s'entraînant à plus haut volume pouvait-il posséder un VO_{2max} si faible? Et, comment la marche pouvait-elle conduire à obtenir un VO_{2max} aussi bon?

À la première question, deux réponses me semblaient logiques :

1. Le volume et l'intensité d'entraînement peuvent contribuer à l'épuisement des réserves énergétiques.

2. Une nutrition défaillante empêche toute adaptation physiologique (amélioration de la condition physique).

Par la suite, il m'est arrivé à plusieurs reprises de constater que des marcheurs possédaient un VO_{2max} aussi élevé que celui de coureurs. Ainsi, pour moi, la notion d'entraînement perdait tout son sens. J'ai donc décidé d'étudier en profondeur les mécanismes qui stimulent l'adaptation physiologique. Un univers gigantesque s'est alors ouvert à mes yeux. L'interaction de nombreux facteurs révélait un monde totalement nouveau. La cinétique de consommation d'oxygène, l'état des réserves énergétiques, la nutrition, la biomécanique, la capacité contractile des muscles, l'état mental, la planification des objectifs… tous ces éléments devaient être gérés efficacement afin de produire ce que tout coureur souhaite : s'améliorer.

Pour qu'un programme d'entraînement soit qualifié d'efficace, il doit engendrer une adaptation physiologique. Pour produire cette adaptation, le programme d'entraînement en question doit mettre en relation plusieurs facteurs interagissant entre eux. Quel défi extraordinaire m'était maintenant offert. Évaluer la capacité d'une personne, déterminer sa capacité d'amélioration, et définir le programme qui favorisera (pour cette personne uniquement) l'adaptation physiologique qui conduira à l'amélioration de ses capacités. Oui, un monde différent s'offrait à moi.

Mon intérêt relatif aux mécanismes régissant l'adaptation physiologique s'est intensifié au moment où je me suis adonné à la course de longue distance. Ces nouvelles conditions exceptionnelles m'ont permis de saisir l'étendue des demandes liées à la course à pied. Non, courir ne suffit pas, il est nécessaire de comprendre ce que « courir » signifie vraiment.

Par ce livre, je ne vous propose pas « la vérité » sur l'entraînement. Je vous enseigne comment déterminer le programme qui favorisera la plus grande adaptation physiologique possible.

02
COURIR NE SUFFIT PAS

Répondez-moi sincèrement. Lorsque vous courez, ne pensez-vous qu'à courir contre la montre ou êtes-vous un coureur hors du commun qui étudie l'interaction des nombreux facteurs qui influence sa performance : état de vos réserves énergétiques, nutrition, biomécanique, état mental, planification de vos objectifs?

Malheureusement, beaucoup de coureurs, même des coureurs expérimentés ignorent les nombreuses facettes qui conduisent à l'amélioration des performances. Comme vous avez acheté ce livre, c'est donc que vous désirez apprendre.

Depuis combien de temps ne percevez-vous plus aucune amélioration satisfaisante de votre performance, malgré tous vos efforts?

Combien de programmes différents avez-vous testés, pour finalement découvrir que vous ignorez ce qui est vraiment efficace?

Si j'évaluais votre VO_{2max}, seriez-vous confiant en vos capacités ou terrorisé à l'idée que votre condition physique ne soit que dans la moyenne malgré tant d'efforts?

Quel est votre objectif? Je sais, vous répondez possiblement, courir plus vite pour faire un meilleur temps. Mais êtes-vous certain que ce soit le véritable objectif à poursuivre ?

Luttez-vous entraînement après entraînement, contre la fatigue ou l'épuisement dans l'espoir que cette demande surhumaine que vous vous imposez porte ses fruits?

En somme, stagnez-vous depuis trop longtemps?

Je vous invite donc, le temps de lire ce livre, à mettre de côté l'idée de vouloir courir toujours plus vite afin de découvrir **comment arriver** à courir plus vite.

Je vous invite à devenir un coureur intelligent, qui créera de toutes pièces le plan d'entraînement qui lui convient. Pas un plan d'entraînement général offert sur Internet, le genre de plan qui présume que tous les coureurs sont identiques. Non, un plan qui touche tous les aspects de la performance : la physiologie, la nutrition, la biomécanique, la gestion des réserves énergétiques, la planification de la performance et la psychologie sportive.

Réalisez-vous qu'un coureur qui ne fait que courir dans l'espoir de courir plus vite perd son temps? Car, il ne maîtrise aucun des éléments qui lui permettent vraiment de s'améliorer. Non, courir ne suffit pas.

Chacun de vos entraînements doit reposer sur une stratégie. Sans cela, toute amélioration potentielle ne repose que sur la chance.

Lorsque vous aurez fini d'étudier ce livre et que vous adapterez les connaissances et stratégies proposées à vos besoins, vous serez devenu un coureur intelligent.

Et qu'a de différent un coureur intelligent? Il voit et comprend ce que les autres coureurs ne peuvent percevoir et encore moins comprendre.

03
L'IMPORTANCE D'AMÉLIORER VOTRE ENDURANCE

Lorsque vous comprendrez comment se traduit l'endurance au niveau physiologique, vous pourrez alors établir des objectifs concrets et définir le programme d'entraînement le mieux adapté pour vous. Fini, les programmes qui ne répondent pas à vos besoins réels.

L'endurance repose sur l'utilisation des lipides. Donc, pendant que vous courez, si vous tenez une vitesse qui permet à votre corps de brûler des lipides afin de favoriser la contraction des fibres musculaires qui vous permettent de courir, alors nous parlons d'endurance. Et, si vous brûlez des lipides, cela signifie également que vous possédez une réserve énergétique suffisante (les lipides) pour courir très longtemps. Ainsi, la fatigue ne se manifestera pas en raison du manque d'énergie, mais bien en raison d'autres facteurs qui l'engendrent (davantage sur cette notion dans un prochain chapitre).

Pour les distances de 10 km et plus, l'endurance est primordiale. Selon moi, vous devez absolument comprendre comment votre corps utilise vos réserves énergétiques, comment vous les épuisez, comment vous pouvez les renouveler, et comment vous pouvez les exploiter de façon à apprendre à courir sans vous épuiser.

Le plus gros défi ne sera pas pour vous de comprendre comment fonctionne votre corps, la biomécanique, la physiologie ou l'utilisation des réserves énergétiques. En fait, il consistera à ne pas revenir à votre bonne vieille habitude : courir le plus vite possible en tout temps.

Courir avec stratégie et non simplement courir contre la montre. Voilà le défi que vous devez relever.

04
POURQUOI CESSER DE COURIR CONTRE LA MONTRE?

Pourquoi cesser de courir contre la montre? Parce que votre manière de penser détermine vos comportements et vos comportements à la course, c'est-à-dire votre manière de vous entraîner, détermine l'impact que vous produirez sur votre physiologie.

Ainsi, si vous voulez courir vite afin de franchir la distance d'un marathon le plus rapidement possible, à quoi pensez-vous en matière d'entraînement? À tenter de courir le plus rapidement possible et à intégrer des entraînements en intervalles de haute intensité le plus souvent possible. Vous croyez qu'en agissant ainsi, vous atteindrez vos objectifs. Mais, c'est faux.

Ce n'est pas faux en tout temps, bien sûr. Ce sera faux en tout temps seulement si vous adoptez jour après jour entraînement après entraînement, la même façon de penser qui vous conduit à vider vos réserves énergétiques.

Si lors de chaque entraînement votre objectif est de courir une distance à l'intérieur du temps le plus court possible, vous pousserez l'intensité de l'effort dans la zone où vous videz vos réserves de glucides. Vos réserves de glucides sont limitées. La plupart des gens ont des réserves pour environ deux heures. Certains, oui, en ont un peu plus. Mais, cela implique que vous vous entraînerez, ou courrez votre distance, en vidant systématiquement, kilomètre après kilomètre, vos réserves énergétiques.

Malheureusement, si votre orgueil l'emporte et que vous vous croyez suffisamment fort pour lutter contre l'épuisement de vos réserves énergétiques et la fatigue que vous accumulez, vous n'atteindrez jamais votre objectif. Vous devez apprendre à penser de façon stratégique en gérant l'utilisation de vos réserves énergétiques.

Oubliez la montre pour un certain temps et concentrez-vous sur l'amélioration de votre endurance. Alors, vous améliorerez vraiment votre performance. Vous passerez à un niveau supérieur.

PARTIE 2
COMPRENDRE

05
LA PHYSIOLOGIE DE LA COURSE

Parlons maintenant de la physiologie de la course, c'est-à-dire, comment votre corps utilise ses réserves énergétiques.

La figure suivante vous servira tout au long de ce livre. Elle permet de comprendre la notion de cinétique de consommation d'oxygène.

FIGURE 1 - CINÉTIQUE DE CONSOMMATION D'OXYGÈNE

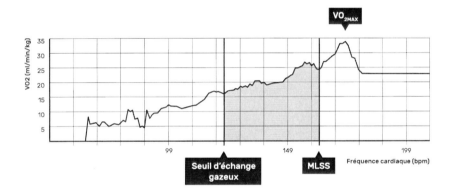

Vous avez probablement entendu parler du terme VO_{2max}, qui signifie : le volume d'oxygène consommé à l'effort maximal. Il est généralement accepté que plus votre VO_{2max} est élevé et plus vous êtes en forme. Cela est vrai si on ne tient compte que du chiffre final. Mais c'est une tout autre histoire si nous prenons en considération votre cinétique de consommation d'oxygène. Celle-ci nous permet d'observer l'évolution de votre capacité physique du repos à l'effort maximal.

La cinétique de consommation d'oxygène révèle, en fonction de l'intensité de l'effort, comment votre corps utilise ses réserves énergétiques et quel est l'état de ces mêmes réserves énergétiques. Cela explique ce qui se passe au niveau de vos cellules musculaires quand vous courez.

Si vous débutez par une marche, qui est un exercice de basse intensité, vous brûlez des lipides. Vous marchez plus rapidement, vous brûlez encore des lipides. Vous progressez ensuite à une course d'intensité légère, vous brûlez toujours des lipides. Vous augmentez encore une fois légèrement l'intensité, et vous brûlez toujours des lipides. Mais, arrivera une vitesse où votre corps n'aura plus la capacité de brûler des lipides, car il aura besoin d'une source d'énergie qu'il pourra dégrader plus rapidement. Il va donc réaliser une transition vers l'utilisation des glucides, parce que l'intensité, la vitesse à laquelle vous courez, nécessite une source d'énergie que le corps peut brûler plus rapidement : les glucides, qui sont disponibles en quantité limitée.

Donc, cette transition entre l'utilisation des lipides et l'utilisation des glucides s'appelle le seuil d'échange gazeux. Sur le plan physiologique, il se manifeste par une augmentation de la production de dioxyde de carbone par rapport à la consommation d'oxygène.

Et, vous continuez à augmenter votre vitesse de course. Vous utilisez des glucides et le sous-produit de l'utilisation des glucides est appelé acide lactique (ou lactate sanguin). Pendant une certaine période de temps où vous continuez à augmenter votre vitesse de course, votre corps réutilise l'acide lactique comme source d'énergie.

Arrivera une certaine vitesse où votre corps n'aura plus la capacité d'utiliser l'acide lactique comme source d'énergie et commencera à l'accumuler. Votre corps produit alors de l'énergie sous des conditions appelées anaérobie (sans utilisation d'oxygène). Cette autre zone de transition est appelée MLSS (maximal lactate steady state).

À mi-chemin entre votre seuil d'échange gazeux et votre MLSS, vous avez pour approximativement deux heures de réserves énergétiques (mais cela peut varier grandement d'une personne à l'autre). Lorsque vous atteignez votre MLSS vous n'avez en général que pour 40 minutes de réserves énergétiques. Et à partir du MLSS, plus vous progressez vers votre fréquence cardiaque maximale, plus vous vous épuiserez rapidement.

On croyait, il y a quelques décennies de cela, ou même quelques années, que l'acide lactique était un déchet métabolique qui nuisait à la performance. En réalité, des recherches effectuées par un chercheur incroyable du nom de George A. Brooks ont démontré que le corps utilise l'acide lactique comme source de production d'énergie.

Et vous continuez à augmenter votre vitesse, pour atteindre finalement votre capacité maximale, votre VO_{2max}.

Ainsi, de la marche à l'atteinte de votre capacité maximale, des transitions se sont présentées au niveau de l'utilisation et de l'état de vos réserves énergétiques. Il est primordial que vous connaissiez votre cinétique de consommation d'oxygène, car vous comprenez alors comment gérer efficacement vos réserves énergétiques afin d'améliorer vos performances.

L'évolution de la cinétique de consommation d'oxygène permet de déterminer la capacité physique d'une personne, mais aide aussi à identifier quels facteurs peuvent limiter cette même capacité.

À titre d'exemple :

- Une personne avec un faible VO_{2max} verra ses réserves énergétiques s'épuiser rapidement passé le seuil d'échange gazeux.

- La demande énergétique pour une personne présentant un surplus de poids sera accrue à une intensité donnée. Ainsi, comparativement à une personne de poids normal, un effort de même intensité lui coûtera plus cher en matière de dépense énergétique et elle se fatiguera plus rapidement.

- Une personne avec une blessure musculaire ou des dysfonc-tionnements musculaires se verra dans l'incapacité d'atteindre son VO_{2max}, car les fibres musculaires perdront de leur efficacité et s'épuiseront plus rapidement.

- Une personne présentant des problèmes pulmonaires (ex. : asthme à l'effort), verra son apport en oxygène et sa capacité à éliminer le dioxyde de carbone considérablement réduits, précipitant l'utilisant des glucides et la fatigue.

- Des problèmes de fatigue ou d'insomnie conduisent à une apparition précoce du seuil d'échange gazeux et de l'épuisement des fibres musculaires.

- Des problèmes cardiaques limitant la capacité du cœur à acheminer le sang oxygéné vers les muscles affectera aussi la capacité de la personne.

Tous ces facteurs limitatifs modifient l'évolution de la cinétique de consommation d'oxygène. En milieu médical, elle sert d'outil diagnostic et en milieu sportif, elle permet d'identifier les limitations d'une personne et de spécifier quelles qualités physiologiques doivent être améliorées afin d'atteindre les objectifs fixés.

Le VO_{2max} indique donc votre capacité maximale. Plus il est élevé et plus vous pouvez fournir de travail (vitesse). Comme mentionné précédemment, il ne constitue pas le seul déterminant de la performance. Mais un VO_{2max} élevé, combiné à une endurance élevée (apparition la plus tardive possible du seuil d'échange gazeux), font de vous un athlète extrêmement endurant. Voici donc ma classification en ce qui a trait au VO_{2max}.

- 85 à 97 : exceptionnel
- 75 à 84 : élite
- 65 à 74 : excellent
- 55 à 64 : très bon
- 45 à 54 : bon
- 35 à 44 : acceptable
- 25 à 34 : faible
- 21 à 24 : très faible
- 20 et moins : à risque pour la santé

06

QUE SIGNIFIE AMÉLIORER VOTRE ENDURANCE ET REPOUSSER LA FATIGUE

Revenez à la figure sur la cinétique de consommation d'oxygène. Imaginez que j'évalue votre VO_{2max} et que j'obtiens les données suivantes :

- Votre seuil d'échange gazeux se présente à une fréquence cardiaque de 135 battements/minute.
- Votre MLSS à 154 battements/minute.

J'élabore ensuite un programme d'entraînement adapté à vos capacités et je teste de nouveau votre VO_{2max} deux mois plus tard. Vos résultats sont les suivants :

- Votre seuil d'échange gazeux se manifeste à une fréquence de 142 battements/minute.
- Votre MLSS apparaît à une fréquence cardiaque de 160 battements/minute.

Qu'est-ce que tout cela signifie? Avant, vous ne pouviez brûler des lipides (endurance) que jusqu'à une fréquence cardiaque de 135 battements/minute et aujourd'hui vous brûlez des lipides jusqu'à une fréquence cardiaque de 142 battements/minute. Vous avez augmenté votre endurance. Avant, vous commenciez à vous épuiser à une fréquence cardiaque de 154 battements/minute et aujourd'hui, vous avez repoussé ce seuil ou la fatigue s'accumulera à une fréquence cardiaque de 160 battements/minute.

Ou, autre scénario possible. Au premier et second test, votre seuil d'échange gazeux se manifeste toujours à 135 bpm, mais votre vitesse est passée de 8 km/heure à 9,4 km/heure pour cette même fréquence cardiaque. Pour la même fréquence cardiaque, vous pouvez maintenant maintenir une plus grande vitesse, vous avez donc aussi amélioré votre endurance.

Votre programme d'entraînement s'est avéré une stimulation suffisamment efficace afin de favoriser une adaptation physiologique. Vous avez amélioré votre endurance et aussi repoussé le seuil où vous commencez à épuiser totalement vos réserves énergétiques.

Rien de tel que d'utiliser un exemple concret. Voici donc les résultats obtenus auprès d'un de mes clients qui m'a gentiment permis de vous présenter ses données. Cet exemple est d'autant plus intéressant qu'il vous permettra de comprendre à quel point il est important de bien déterminer vos objectifs.

Il s'agit d'un homme de 54 ans, en parfaite santé, qui au moment du premier test de VO_{2max} pesait 92,5 kg. Son objectif était de courir un marathon et de perdre du poids afin d'améliorer sa performance.

Le tableau 1 présente ses zones physiologiques et son VO_{2max}.

TABLEAU 1: ZONES D'ENTRAÎNEMENT ET VO_{2MAX}

Zones	Fréquence cardiaque (en bpm)
Aérobie (lipides — aérobie) Zone 1	75 à 145
Seuil d'échange gazeux (glucides – acide lactique — aérobie) Zone 2	146 à 165
MLSS (épuisement – accumulation acide lactique — anaérobie) Zone 3	166 à 176
VO_{2max} 41 mlO_2/kg/min Zone 4	176

Le programme visait donc l'atteinte progressive de distances de plus en plus grandes. Dans cette phase du programme, des distances de 25 km étaient prévues. Cependant, le coureur ne percevait aucune amélioration et aucune perte de poids n'était présente.

Pour faire suite à une discussion avec mon client, nous avons décidé de viser un seul objectif : la perte de poids. Pourquoi? Parce que plus votre poids est élevé, plus vous dépensez de l'énergie à une intensité donnée.

Ainsi, on estime que votre dépense énergétique augmente de 4% pour chaque 4 à 5 kg de poids supplémentaire. Donc, plus votre poids est élevé et plus courir vous coûte cher en terme de dépense énergétique.

À l'inverse, pour chaque 4 à 5 kg de poids en moins, vous améliorez votre condition physique de 4%. Dans le cas particulier de mon client, perdre du poids s'est avéré, comme vous le verrez, une décision très rentable.

Ainsi, je lui ai proposé un nouveau programme d'entraînement. Celui-ci, sur 10 semaines, comporte 4 séances d'entraînement par semaine. Chaque séance propose une distance précise à parcourir et cette même distance est subdivisée de manière à ce que mon client parcourt chacune d'elles en respectant une zone de fréquences cardiaques déterminée.

Ayant déjà effectué un test de VO_{2max} auprès de mon client, je pouvais donc calculer avec précision sa dépense énergétique pour chaque séance. Ayant également évalué son métabolisme de base (1 700 calories), il m'était donc possible de déterminer son apport calorique précis pour chaque entraînement, tout en respectant un déficit calorique favorisant la perte de poids.

À la suite du tableau 2, vous verrez l'apport calorique et l'apport en macronutriments recommandés (protéines, lipides et glucides) pour chaque entraînement.

TABLEAU 2: PROGRAMME D'ENTRAÎNEMENT MODIFIÉ
(RÉPARTI SUR 10 SEMAINES À RAISON DE 4 SÉANCES/SEMAINE)

Séance/ distance	Fréquences cardiaques cibles		Dépense énergétique en calories
Séance 1 8 km	km 1 à 4 : km 5 à 6 : km 7 : km 8 :	140-145 150-155 155-160 140-145	855
Séance 2 10 km	km 1 à 3 : km 4 à 8 : km 9 à 10 :	140-145 150-155 155-160	1068
Séance 3 12 km	km 1 à 4 : km 5 et 6 : km 7 et 8 : km 9 et 10 :	140-145 145-150 150-155 140-145	1282
Séance 4 5 km	km 1 et 2 : km 3 : km 4 : km 5 :	140-145 155-160 150-155 140-145	534

Apport calorique et apport en macronutriments recommandés pour chaque entraînement

DISTANCE 8 KM

Apport total : 2150 calories
Protéines : 19% de l'apport total, soit 420 calories ou 105 grammes
Lipides : 35% de l'apport total, soit 744 calories ou 83 grammes.
Glucides : 46% de l'apport total, soit 986 calories ou 247 grammes.

DISTANCE 10 KM

Apport total : 2400 calories
Protéines : 18% de l'apport total, soit 420 calories ou 105 grammes
Lipides : 36% de l'apport total, soit 851 calories ou 95

grammes.

Glucides : 46% de l'apport total, soit 1129 calories ou 282 grammes.

DISTANCE 12 KM

Apport total : 2600 calories

Protéines : 16% de l'apport total, soit 420 calories ou 105 grammes

Lipides : 35% de l'apport total, soit 916 calories ou 101 grammes.

Glucides : 49% de l'apport total, soit 1264 calories ou 316 grammes.

DISTANCE 5 KM

Apport total : 1900

Protéines : 22% de l'apport total, soit 420 calories ou 105 grammes

Lipides : 33% de l'apport total, soit 627 calories ou 70 grammes.

Glucides : 45% de l'apport total, soit 855 calories ou 214 grammes.

NOUVELLE ÉVALUATION DU VO_{2MAX}

Deux mois plus tard, j'ai de nouveau évalué le VO_{2max} de mon client. Il avait alors perdu 5 kg de masse grasse.

Le tableau 3 présente son évolution en réponse à ce programme d'entraînement et sa perte de poids. Je vous invite à porter une attention particulière à l'amélioration de la vitesse et de la consommation d'oxygène (VO_2) exprimée en millilitre d'oxygène consommé par kilogramme de poids à la minute (mlO_2/kg/min).

TABLEAU 3: TABLEAU COMPARATIF DES ZONES D'ENTRAÎNEMENT
ET DU VO$_{2MAX}$

Zones	Test 1 Fréquence cardiaque (en bpm)/Vitesse en km par heure/VO$_2$ en mlO$_2$/kg/min	Test 2 Fréquence cardiaque (en bpm)/Vitesse en km par heure/VO$_2$ en mlO$_2$/kg/min	Pourcentage d'amélioration Vitesse/VO2
Aérobie (lipides) Zone 1	75 à 145/ 8.6/32.4	75 à 145/ 9.6/35.6	12/10
Seuil d'échange gazeux (glucides – acide lactique) Zone 2	146 à 165/ 8.7 à 10 /37.3	140 à 165/ 9.7 à 12/43.7	20/25
MLSS (épuisement) Zone 3	166 à 176/ 10.1 à 11 /40.5	166 à 172/ 9.8 à 12 (+pente de 3%)/49.13	9/21
VO$_{2max}$ Zone 4	176 41 mlO$_2$ /kg/min	172 49.13 mlO$_2$ /kg/min	21% d'amélioration du VO$_{2max}$

Toujours dans le tableau 3, vous observez que mon client n'a pas encore repoussé la fréquence cardiaque d'apparition de chaque zone physiologique. Cependant, vous constatez que pour des fréquences cardiaques semblables, il court plus vite, consomme davantage d'oxygène et donc, produit un travail plus important.

De votre côté avez-vous de telles données en main? Non! Alors il est temps de vous y mettre.

07
CE QUE SIGNIFIE COURIR LENTE-MENT

Consultons de nouveau la figure présentant la cinétique de consommation d'oxygène.

FIGURE 1 - CINÉTIQUE DE CONSOMMATION D'OXYGÈNE

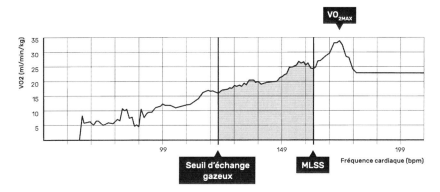

Je vous ai parlé de lipides et de glucides en matière de sources d'énergie. L'important maintenant est de comprendre comment ces sources d'énergie sont utilisées par votre corps et ce qu'elles signifient sur le plan de votre capacité physique.

Les protéines, les lipides et les glucides sont les macronutriments qui contiennent l'énergie chimique dont votre corps a besoin pour fonctionner. Je n'aborde pas dans ce livre l'utilisation des protéines, je m'en tiens aux lipides et aux glucides, car le sujet deviendrait trop complexe.

Mais, rappelez-vous que protéines, lipides et glucides contiennent l'énergie chimique dont votre corps a besoin pour fonctionner. Les protéines ont cette particularité de pouvoir être utilisées en source d'énergie et de servir à la construction de votre corps, de vos fibres musculaires, des enzymes, des hormones, et donc les protéines ont un rôle structural et un rôle énergétique.

Les lipides et les glucides vous servent de source d'énergie lorsque vous courez. À l'intérieur de chacune de vos cellules, il y a une organelle nommée mitochondrie. Si mitochondrie s'avère un terme trop complexe à retenir, utilisez simplement « foyer biologique ».

À quoi servent les mitochondries ou foyers biologiques, qui se retrouvent dans certaines cellules par centaines et dans d'autres, comme celles du foie, par milliers? Les foyers biologiques dégradent les lipides et les glucides afin qu'il ne reste qu'une source d'énergie chimique qui sera utilisée par vos fibres musculaires afin de permettre leur contraction musculaire et produire ainsi le travail mécanique nécessaire à votre propulsion vers l'avant (courir).

Maintenant, pourquoi courir lentement produit-il un maximum d'efficacité? Et, que signifie courir lentement?

Courir lentement pour moi veut dire courir dans la zone de fréquences cardiaques autour de vote seuil d'échange gazeux. Restons encore avec l'exemple où votre seuil d'échange gazeux apparaît aux alentours d'une fréquence cardiaque de 135 battements/minute.

Ainsi, afin d'accroître votre endurance (capacité à brûler des lipides à une intensité de plus en plus élevée ou produire davantage de travail à une fréquence cardiaque donnée), une zone de fréquences cardiaques allant de 130 et 135 battements par minute, constitue une zone idéale, car cous utilisez des lipides. C'est une zone magnifique pour favoriser l'adapation physiologique nécessaire à l'amélioration de votre endurance. Je vous rappelle que ces fréquences cardiaques ne sont données qu'à titre d'exemple.

Donc, dans cette zone, que se passe-t-il? Vous n'épuisez pas vos réserves énergétiques, et n'épuisant pas vos réserves énergétiques, votre corps se transforme, améliore sa condition physique. Et sur le plan biologique, comment cela se manifeste-t-il? Vous améliorez la capacité de vos foyers biologiques à brûler des lipides et vous multipliez le nombre de foyers biologiques dans vos cellules musculaires. Vous devenez alors de plus en plus efficace pour brûler des lipides.

En améliorant la capacité de vos foyers biologiques à brûler des lipides et en multipliant le nombre de ces foyers biologiques, vous devenez alors une machine d'endurance incroyablement efficace.

Qu'est-ce que cela veut dire? En me servant toujours du même exemple. Votre seuil d'échange gazeux se présentait à 135 battements/minute. En raison de l'amélioration de l'efficacité de vos foyers biologiques et de leur multiplication, votre seuil est repoussé à 140, ensuite à 145 bpm, puis à 150 bpm. En respectant ces nouvelles zones, vous courez de plus en plus vite en brûlant des lipides. **Mais, sur le plan physiologique, vous courez toujours lentement.** N'est-ce pas magnifique?

Dans le cas de mon client présenté au chapitre 6, ses fréquences cardiaques n'ont pas été repoussées, mais sa vitesse et sa consommation d'oxygène l'ont cependant été. Donc, il a amélioré son endurance, parce qu'il a repoussé la vitesse à laquelle la fatigue apparaît.

En fonction du niveau d'entraînement et de l'âge, j'ai vu chez certains de mes coureurs l'apparition d'un seuil d'échange gazeux atteindre 90 % de leur capacité aérobie maximale.

Imaginez que votre seuil d'échange gazeux se manifestait à 60 % de votre capacité maximale (VO_{2max}), et que vous le repoussez à 90 %. Cela signifie qu'il faut maintenant que vous atteigniez 90% de votre capacité maximale avant de commencer à vous fatiguer.

Imaginez en plus que vous repoussez la fréquence cardiaque et, en même temps, la vitesse à laquelle se manifestent vos zones physiologiques. Vous profitez alors d'une amélioration considérable. Et ajouter à tout cela l'amélioration de votre VO_{2max}. Vous améliorez ainsi toutes les composantes de votre cinétique de consommation d'oxygène.

Alors, qu'ont de si particulier les marathoniens d'élite (comme les Kényans par exemple)? Lorsque vous mesurez leur cinétique de consommation d'oxygène, leur capacité à brûler des lipides est incroyable. Leur seuil d'échange gazeux atteint presque leur capacité maximale, soit 90 % à 95 % de leur VO_{2max}. De plus, ils sont très légers. Sur le plan biomécanique, ils sont donc extraordinairement efficaces. Le retour de force de chaque pas au sol les propulse vers l'avant. Une parfaite harmonisation entre la physiologie et la biomécanique est atteinte.

Courir lentement vous permet des transformations physiologiques qui ne se produisent pas nécessairement à haute intensité.

Lorsque vous vous entraînez dans la zone du seuil d'échange gazeux, vous n'épuisez pas vos réserves énergétiques. Vous laissez à votre corps une disponibilité de réserves énergétiques qui favorisera l'amélioration de votre endurance.

Cependant, si vous vous entraînez toujours à haute intensité, et qu'entraînement après entraînement, vous épuisez vos réserves énergétiques, vous ne posséderez plus assez de réserves énergétiques pour favoriser l'adaptation physiologique nécessaire à votre progression. Vous entrez alors en situation de surentraînement.

L'exemple de Yiannis Kouros

Yiannis Kouros est un coureur d'ultra-endurance exceptionnel. Il y a quelques années, j'ai vu un reportage à son sujet. Je n'ai malheureusement pu le retracer sur Internet afin de vous en fournir la référence.

Cependant, dans ce reportage, il a été soumis à un test de VO_{2max}. Outre les mesures standards de VO_{2max}, des mesures de lactate sanguin étaient effectuées tout au long du test afin d'évaluer sa production et son accumulation.

Deux constatations ont été tirées. La première, son VO_{2max} n'était que de 62 mlO_2/kg/min, ce qui est bon, mais pas si élevé pour un coureur de sa trempe. Mais ce qui a davantage attiré mon attention fut leur deuxième constatation. Celle-ci fut une surprise pour les personnes effectuant le test. Elles ont constaté que même si le test progressait en intensité, Yiannis Kourons n'accumulait pas d'acide lactique (lactate sanguin).

Si vous avez bien suivi mes explications jusqu'à présent, cela n'est pas étonnant. En effet, il est un athlète d'ultra-endurance. Il a possiblement repoussé à l'extrême son seuil d'échange gazeux, repoussant du même fait l'accumulation d'acide lactique (MLSS). Mais aussi, il a possiblement amélioré la capacité de ses foyers biologiques à réutiliser toute production d'acide lactique en source d'énergie, minimisant ainsi les possibilités d'accumulation. Eh oui, l'endurance conduit à une physiologie particulière.

08

APPRENDRE À GÉRER VOS RÉSERVES ÉNERGÉTIQUES

Imaginez la distance que vous voulez : 10 km, 21 km, 42 km, 50 km, etc. Pour parcourir cette distance, vous devrez livrer une somme de travail. Soit l'énergie totale déployée pour parcourir la distance.

Trop de coureurs ont l'impression qu'en courant vite dès le début, ils arriveront à parcourir la distance dans le meilleur temps possible.

En fait, si courir vite nécessite de courir à une vitesse égale ou supérieure à votre MLSS, vidant ainsi rapidement vos réserves énergétiques, votre capacité de travail diminuera tout aussi rapidement. Ainsi, après un certain temps, vous devrez ralentir la cadence. Oui, vous aurez livré une plus grande somme de travail au début de la course, mais comme cette somme de travail aura épuisé vos réserves énergétiques, la somme de travail que vous pourrez fournir en fin de course sera de plus en plus faible. En d'autres mots, vous ralentirez considérablement.

N'est-ce pas d'une beauté absolue un résumé si parfait? Voilà, un entraîneur d'expérience, Paul SARDAIN, vient de vous résumer en quelques phrases la notion de « gestion des réserves énergétiques ».

Lorsque vous comprenez votre physiologie et que vous gérez efficacement vos réserves énergétiques, alors, vous « contrôlez » votre course et n'agissez plus en fonction de ce stupide orgueil qui vous laisse croire que vous êtes invincible ou que vous devriez l'être.

Cette même gestion de vos réserves énergétiques contribue à l'adaptation de votre corps en réponse à l'entraînement. Lorsque vous épuisez vos réserves énergétiques, la fatigue s'installe. Dans cette situation, que font les moins expérimentés des coureurs?

Ils se servent de leur orgueil afin de lutter contre l'accumulation grandissante de leur fatigue. S'ils réussissent, ils terminent leur course épuisés, fiers d'eux. Cependant, ils ont oublié de regarder autour d'eux. En fait, de nombreux coureurs avec le même niveau de condition physique les ont devancés et ont terminé cette même course avec une beaucoup plus grande facilité… Eux, ont géré efficacement leurs réserves énergétiques.

09
COMPRENDRE ET GÉRER LA FATIGUE

Revenons avec cette notion. Si vous videz vos réserves énergétiques, vous devrez lutter contre la fatigue et inévitablement, votre performance se dégradera, et vous n'atteindrez pas vos objectifs. Donc, courir est une lutte constante afin d'éviter qu'une fatigue généralisée s'installe. Il faut donc comprendre comment se manifeste la fatigue.

D'où vient la fatigue? Elle découle de plusieurs facteurs. Le premier, dont je traite depuis le début de ce livre, est l'état de vos réserves énergétiques en lien avec la cinétique de consommation d'oxygène. Vous en savez maintenant déjà beaucoup sur le sujet.

La fatigue des muscles respiratoires

Il y a aussi la fatigue respiratoire. Au fur et à mesure que vous augmentez l'intensité de l'effort (vitesse), l'amplitude et la fréquence respiratoires augmenteront. Avant l'apparition du seuil d'échange gazeux, l'amplitude respiratoire (expansion de la cage thoracique pour amener un plus grand volume d'air aux poumons) augmente progressivement. Au-delà du seuil d'échange gazeux, la fréquence respiratoire (nombre de respirations à la minute) augmente. Cela induit un travail des muscles respiratoires qui eux aussi se fatigueront si la fréquence respiratoire demeure élevée pendant une longue période de temps. L'apparition de la fatigue des muscles respiratoires engendre ainsi une fatigue généralisée qui affectera négativement votre performance.

L'environnement

L'environnement, soit la température, le taux d'humidité, l'altitude, affecte vos capacités. Votre corps contient cinq litres de sang pour acheminer les nutriments et l'oxygène à vos muscles. En regard des demandes environnementales imposées à votre corps, un combat interne qui se livre.

À titre d'exemple, si vous courez à une température de 30°C avec un taux d'humidité très élevé, votre corps devra acheminer du sang vers la peau afin de vous refroidir par convection et vous transpirerez davantage afin que l'évaporation favorise également le refroidissement de votre corps. Dans ces conditions, une partie plus importante de vos 5 litres de sang est dirigée vers la peau, et ainsi, moins de sang est disponible pour vos muscles. Alors, vos muscles ne pourront fournir un travail aussi efficace tel qu'ils le font sous des conditions environnementales optimales. Ce qui veut dire que si votre seuil d'échange gazeux se manifeste en conditions idéales à 135 battements/minute, il se peut que dans ces conditions de température et d'humidité élevées, il soit abaissé à 130 battements/minute. Faire face aux conditions environnementales nécessite de l'énergie qui ne peut plus être disponible pour... courir.

La fatigue mentale

La fatigue neurologique. Je vous invite à mon laboratoire. Je vous installe sur mon tapis roulant. Je vous demande de commencer à courir et je surveille votre dépense énergétique. À un certain moment, je vous demande de commencer à faire des mathématiques dans votre tête. Qu'est-ce que je viens de faire? Je viens d'ajouter une demande supplémentaire, une demande qui doit être réalisée par votre cerveau. Encore une fois, votre corps a accès à 5 litres de sang. Donc, vous courez, le sang est dirigé vers vos muscles afin d'acheminer nutriments et oxygène. De plus, une certaine quantité de sang sera aussi dirigée vers votre cerveau afin que vous puissiez effectuer ce travail mental. Vos pensées nécessitent de l'énergie chimique au même titre que vos muscles.

Si vous courez, et que vous entretenez dans votre esprit des pensées négatives, votre corps doit entrer en situation de lutte contre un stress ou des pensées qui n'existent que dans votre esprit. Vous êtes en situation de lutte mentale. De ce fait, vous transiterez un peu plus vers l'utilisation des glucides pour répondre à ce stress qui se vit dans votre esprit. Ce stress mental peut amener des contractions musculaires supplémentaires, de la tension dans vos mâchoires, un froncement des sourcils, qui nécessitent une consommation d'oxygène supplémentaire. Votre état mental joue donc un rôle majeur quant à l'état de vos réserves énergétiques.

La fatigue neuromusculaire

Votre cerveau envoie un signal électrique à vos muscles afin que vos fibres musculaires se contractent. À haute intensité, la décharge est tellement fréquente et intense, que la fatigue neuromusculaire s'installe rapidement, d'où encore une fois l'extrême utilité de vous entraîner dans la zone du seuil d'échange gazeux afin de minimiser les décharges de haute intensité et trop fréquentes.

La fatigue musculaire localisée

Les contractions répétées de vos fibres musculaires engendrent une fatigue localisée (au niveau d'un muscle ou d'un groupe musculaire). Le surentraînement peut conduire à des blessures musculaires ou articulaires de plus en plus fréquentes ou suffisamment sérieuses pour vous amener à devoir interrompre votre entraînement.

Courir ne suffit pas, vous devez gérer et maîtriser l'ensemble des facteurs qui influencent votre niveau de fatigue, ainsi que l'état de vos réserves énergétiques.

10
LE REPOS, LA STRATÉGIE D'ENTRAÎNEMENT LA PLUS SOUS-ESTIMÉE

L'exercice ne constitue que la stimulation mécanique qui dit à votre corps qu'une demande lui a été imposée, et que si celle-ci se répète, il doit s'adapter. L'adaptation ne s'effectue pas pendant l'entraînement, elle se réalise pendant que vous êtes au repos.

C'est pendant que vous êtes au repos que vos foyers biologiques améliorent leur capacité à brûler des lipides et ont l'énergie nécessaire pour se multiplier. Si vous vous entraînez, jour après jour, sans repos, qu'arrive-t-il? Vous videz vos réserves énergétiques et vous n'en aurez plus suffisamment pour favoriser l'adaptation et la multiplication de vos foyers biologiques. Le repos doit faire partie intégrante de votre entraînement.

La frontière est mince entre la stimulation et le stress physiologique. La stimulation est la bonne dose-réponse, et le stress physiologique empêche le corps de s'adapter, car les réserves énergétiques sont insuffisantes ou constamment épuisées.

Le repos est le moment où votre corps s'adapte, se guérit, se transforme, et il a besoin de nombreuses périodes de repos pour y arriver.

En somme, dans votre planification d'entraînement, vous devriez inscrire de périodes d'entraînement et des périodes de repos. Entraînement et repos doivent être indissociables. Également, le volume d'entraînement doit aussi diminuer après une compétition. Vous ne pouvez souhaiter vous maintenir au « top » en tout temps sans risques de blessures ou de surentraînement.

Le sommeil joue aussi un rôle important sur l'état de votre métabolisme et de vos réserves énergétiques. Si vous souhaitez atteindre vos objectifs, vous devez avoir une durée et une qualité de sommeil qui permettent à votre corps de répondre à la demande liée à l'entraînement.

11
LA CAPACITÉ DE CONTRACTION DE VOS FIBRES MUSCULAIRES

La contraction des fibres musculaires permet le travail mécanique. La course se veut un travail mécanique, ou biomécanique, qui vous permet de vous propulser vers l'avant. Lorsque vous courez de grandes distances, la contraction des fibres musculaires s'effectue des centaines de milliers de fois, et la fatigue s'installera progressivement sur le plan musculaire localisé.

Si vous augmentez vos distances trop rapidement, vous créerez une très grande fatigue au niveau de vos fibres musculaires. Celles-ci en arriveront à un état où elles n'auront pas assez de temps, ni de réserves énergétiques localisées suffisantes pour améliorer leur capacité contractile, se guérir ou reconstruire leurs réserves énergétiques. Et, que se passera-t-il? Blessures, déchirures musculaires…

Alors, vos distances doivent augmenter progressivement. Encore une fois, on en revient à la gestion de vos réserves énergétiques. Vous devez en tout temps être attentif à l'état de vos réserves énergétiques. Soyez attentif à ce que vous ressentez. Ne luttez pas par orgueil contre des douleurs musculaires. Parce que, si vous brisez trop souvent vos fibres musculaires à cause de la fatigue accumulée et qu'ainsi la circulation sanguine se fait de moins en moins bien sur le plan microvasculaire, vous allez détériorer vos capacités. De ce fait, l'arrivée de l'oxygène tout comme l'arrivée de nutriments aux fibres musculaires seront défaillantes. Alors la cellule musculaire dépérira, elle ne sera plus capable de s'adapter et vous finirez par vous blesser.

Vous devez être conscient de votre corps jusqu'à ce niveau, et comprendre que gérer vos réserves énergétiques permet l'adaptation physiologique de même que l'adaptation localisée au niveau de vos fibres musculaires. Et c'est ainsi que, progressivement, vous serez capable de franchir davantage de distance, sans vous épuiser.

Un marathonien me demande un jour : « Denis, j'ai une douleur au genou gauche qui est apparue depuis un mois environ. Que me conseilles-tu ? » Ma réponse fut simple : « Au moins 2 semaines de repos afin de guérir cette blessure ». Quelle a été sa réponse ? « Il n'est pas question qu'un petit bobo m'empêche de courir ». Devant une attitude si prétentieuse et une réponse pas très intelligente, j'ai haussé les épaules et laissé ce coureur seul avec son ego.

Au grand jamais, vous devez agir de façon aussi désinvolte quand vous ressentez une douleur musculaire ou articulaire.

12
LA BIOMÉCANIQUE
DE LA COURSE

La biomécanique de course influence votre dépense énergétique. Une excellente biomécanique vous permet un retour de force maximum de l'impact au sol vers le mollet afin de vous propulser vers l'avant… et le moins possible de haut en bas.

Revenons encore une fois à la cinétique de consommation d'oxygène. Habituellement, la mécanique de course est excellente tout au long de l'augmentation de l'intensité de l'effort, tant que vous êtes dans la zone d'utilisation des lipides. Au moment où vous atteignez le seuil d'échange gazeux, une augmentation de l'impact au sol survient. Au début de cette transition, vous êtes capable de compenser cet impact plus grand par le retour de force provenant du sol. Vous êtes donc capable de vous en servir pour assurer votre propulsion vers l'avant. Mais déjà, votre biomécanique vient de changer. Au fur et à mesure que l'intensité de l'effort augmente, que vous utilisez davantage de glucides, et donc que vous produisez davantage d'acide lactique, l'impact au sol augmente, car votre vitesse augmente. Arrive le moment crucial du Maximal Lactate Steady State où l'impact au sol est maximal, et le retour de force considérablement réduit. Lorsque vous atteignez cette zone, le coût énergétique de chaque pas devient maximal. Maintenir votre vitesse de course nécessite donc plus d'énergie.

Ainsi, si vous vous entraînez très souvent à haute intensité, les risques de blessures augmentent, car le coût énergétique de votre mécanique de course et l'impact au sol sont à leur maximum.

Un excellent moyen d'améliorer votre mécanique de course est de repousser votre seuil d'échange gazeux (améliorer votre endurance). Ainsi, quand vous devenez capable de courir à des vitesses élevées en brûlant des lipides, vous maintenez la biomécanique comportant le plus faible coût énergétique. Voilà donc un avantage majeur.

Mais, il y a aussi la technique de course elle-même. Je vous conseille de consulter un entraîneur bien formé et d'expérience afin d'en apprendre davantage sur le sujet et acquérir une mécanique de course qui vous permettra de dépenser le moins d'énergie possible.

Les technologies actuelles sont également fantastiques. Les FitBit, Polar, Suunto, Garmin et autres technologies de ce monde permettent de suivre vos performances en temps réel. Vous pouvez ainsi obtenir les données nécessaires (évolution de votre fréquence cardiaque, « pace », nombre de pas à la minute, etc.) afin d'évaluer l'impact des modifications apportées à votre biomécanique sur votre performance.

13

VOTRE FRÉQUENCE CARDIAQUE VOUS RACONTE UNE HISTOIRE EN TEMPS RÉEL

L'évolution de votre fréquence cardiaque révèle comment votre corps répond à un effort donné dans un contexte particulier (environnement, température, humidité, conditions du terrain, etc.)

Le but de l'entraînement est de vous permettre de répondre à la demande sans vous épuiser. Imaginez maintenant un effort progressif. Au début,vous courez doucement dans une zone confortable. Vous augmentez ensuite votre vitesse progressivement. Vous atteignez une intensité modérée et progressez ainsi jusqu'à votre capacité maximale.

Si l'évolution est lente et progressive, votre fréquence cardiaque augmentera de manière à acheminer efficacement le sang oxygéné à vos muscles pour leur permettre de produire l'énergie requise. Comme l'intensité de l'effort progresse lentement, vous brûlerez au départ des lipides jusqu'à l'atteinte de votre seuil d'échange gazeux. Ainsi votre corps s'adapte normalement à l'effort.

Maintenant, au lieu d'augmenter l'effort progressivement, vous décidez de faire le même effort ou la même distance deux fois plus vite. Si cette progression est trop rapide, vous ne pourrez répondre efficacement sur le plan cardiovasculaire et pulmonaire, à cette intensité de l'effort.Ainsi, vous transiterez dès le départ vers l'utilisation des glucides, ce qui signifie que vous viderez vos réserves énergétiques dès le début de votre course.

Autre contexte. J'entraîne des coureurs dans la cinquantaine, qui pour des raisons physiologiques normales découlant de l'âge, présentent une fréquence cardiaque qui évolue plus lentement à l'effort. S'ils ne respectent pas cette évolution plus lente de leur fréquence cardiaque et commencent un entraînement à une intensité élevée sans autre préparation, leur performance s'en trouvera inévitablement affectée.

Donc, je leur recommande, avant d'entreprendre une course : étirements et échauffement pour fins de préparation cardiovasculaire. Souvent, 20 minutes de préparation cardiovasculaire et musculaire sont nécessaires avant d'entreprendre la course. Je nomme ces coureurs des « slow-starters ».

Votre cœur doit donc acheminer le sang oxygéné vers vos muscles. En fonction des conditions environnementales sous lesquelles vous courez, votre état de santé du moment, l'état de vos réserves énergétiques et votre statut nutritionnel, votre fréquence cardiaque présentera (pour une distance spécifique) une courbe de progression. Modifiez une de ces conditions, et l'évolution de votre fréquence cardiaque présentera une courbe d'évolution différente.

Les différences observées « expliquent » ainsi comment vous avez réagi tout au long de votre course sous les conditions du moment. Prenez le temps d'étudier l'évolution de votre fréquence pour différents types de course. Étudiez-vous. Étudiez chaque battement cardiaque et chaque pas que vous faites. Si vous désirez vraiment progresser, vous devez analyser attentivement comment votre corps réagit à différentes situatiOns. Tout revient à une gestion efficace de vos réserves énergétiques en temps réel.

Lorsque vous mettez en relation l'évolution de votre fréquence cardiaque avec l'évolution de la vitesse d'une course, vous obtiendrez le reflet de votre cinétique de consommation d'oxygène pour cet effort particulier.

14
LA NUTRITION SPORTIVE...
TOUJOURS ET EN TOUT TEMPS

Sans une nutrition adéquate, votre corps n'aura pas accès à l'énergie chimique nécessaire afin de s'adapter. Et, s'adapter signifie que votre condition physique s'améliore suite à l'entraînement.

Voici les étapes à maîtriser.

Étape 1: connaître votre métabolisme de base

Vous devez, au départ, connaître votre métabolisme de base. À titre d'exemple, j'utilise ici une dépense de 1 500 calories par jour à titre de métabolisme de base. Il s'agit donc de l'apport calorique mininal afin de combler les besoins énergétiques au repos de la personne fictive qui nous sert d'exemple.

Étape 2: déterminer votre dépense énergétique

Vos activités quotidiennes engendrent aussi une dépense énergétique. J'estime ici, pour un travail sédentaire et des activités journalières normales (cuisiner, faire du ménage... bref bouger une peu) une dépense de 150 calories.

Bien sûr, vous vous entraînez. Vous ajoutez à cela une sortie de 90 minutes (à titre d'exemple encore une fois), qui conduit à une dépense énergétique de 1 200 calories.

Sans tenir compte de votre métabolisme de base, vous aurez donc dépensé dans votre journée 1350 calories supplémentaires (150 + 1200).

Étape 3 : déterminer votre dépense énergétique totale

La formule est simple :
Métabolisme de base + activités quotidiennes + entraînement = dépense énergétique totale.

Dans l'exemple qui nous concerne : 1 500 + 150 + 1 200 = 2 850.

Donc vous avez dépensé 2850 calories dans votre journée.

Et, qu'est-ce que cela veut dire? Que vous devez consommer 2 850 calories. Sans cet apport calorique, votre corps n'aura pas à sa disposition l'énergie nécessaire pour reconstruire ses réserves énergétiques et s'adapter.

Étape 4 : répartir ces calories en protéines, lipides et glucides

Maintenant que vous connaissez votre apport en calories, vous devez définir votre répartition en macronutriments, soit les protéines, lipides et glucides.

Au niveau des protéines, je calcule de 1,2 à 1,4 gramme de protéines par kg de poids santé. Certaines recherches suggèrent de 0,8 à 1 gramme, par kg de poids. Je me fie sur des recherches récentes qui démontrent que le corps a besoin probablement davantage de protéines que généralement estimé.

Donc, je trouve cet écart entre 1,2 et 1,4 gramme de protéines par kg de poids santé très raisonnable et très fonctionnel selon le suivi que j'en fais avec mes clients.

Ici je prends pour exemple une personne de 70 kg. Je calcule 1,4 gramme de protéines par kg de poids, j'arrive donc à 98 grammes de protéines, soit 392 calories. Un gramme de protéine étant 4 calories, donc 98 x 4 calories égale 392 calories à consommer provenant d'aliments protéinés.

Il faut donc ensuite répartir le reste de l'apport calorique entre les lipides et les glucides. Faisons le calcul suivant, toujours en vous souvenant selon notre exemple que vous devez consommer 2 850 calories :

2 850 – 392 (calories provenant des protéines) = 2 458 calories.

Il reste donc 2458 calories à répartir entre les lipides et les glucides. Généralement, je suggère de répartir l'apport restant de la façon suivante : 40 % de l'apport provenant des lipides et 60 % de l'apport provenant des glucides.

Donc, si je fais le calcul, 40 % de 2 458 calories donne 983 calories à consommer, et un gramme de lipides étant 9 calories, je divise 983 par 9, cela équivaut à 109 grammes de lipides à consommer.

Ensuite, 60 % de 2 458 calories donne 1 475 calories à consommer en glucides. Comme 1 gramme de glucides équivaut à 4 calories, je divise 1 475 par 4, et vous obtenez 369 grammes de glucides à consommer.

Prenez le temps nécessaire afin de comprendre ces calculs et d'ajuster votre nutrition en conséquence. Cela est primordial, car à mon avis, 80 % de l'efficacité de votre programme d'entraînement découlent de votre nutrition. Votre corps a besoin de l'énergie chimique contenue dans les protéines, lipides et glucides afin de permettre l'adaptation physiologique et l'adaptation structurelle de vos muscles à laquelle doit conduire votre entraînement. Si vous n'avez pas l'énergie suffisante, votre corps ne s'adaptera pas, vous n'améliorerez pas votre endurance, et vos performances se dégraderont.

PARTIE 3
ÉTABLIR VOTRE PLAN

15
LES ÉTAPES DE LA MISE EN PLACE DE VOTRE PROGRAMME

Je vous explique dans les prochains chapitres les étapes successives que je mets en place afin d'élaborer un programme personnalisé à mes clients.

Vous le verrez, cela nécessite du travail. La tâche vous semblera peut-être ardue, mais je vous conseillerai les outils à utiliser pour arriver à vos fins.

À la base, je vous conseille les outils suivants :

- Une balance à impédance afin d'analyser votre composition corporelle régulièrement.

- Un cardiofréquencemètre que vous pourrez connecter sur une plateforme afin d'y télécharger vos données pour analyse.

- Une paire de chaussures de course (je crois que c'est déjà fait, n'est-ce pas?)

Imaginez, avec ces trois outils, vous devenez un laboratoire vivant et mobile. C'est merveilleux!

16

LE TEST DE VO$_{2MAX}$ ET VOTRE CINÉTIQUE DE CONSOMMATION D'OXYGÈNE

L'étape suivante consiste à effectuer un test de VO$_{2max}$ afin de déterminer votre cinétique de consommation d'oxygène (seuil d'échange gazeux, MLSS et VO$_{2max}$). Ce qui est magnifique est que si vous effectuez votre test sur tapis roulant en conditions contrôlées, vous pouvez obtenir avec une grande précision votre dépense énergétique en fonction de votre vitesse et de votre fréquence cardiaque tout au long du test.

Personnellement, je n'utilise jamais les tests de VMA (vitesse maximale aérobie), car ils ne fournissent qu'une seule donnée, votre vitesse à l'effort maximale. Ainsi, ils ne nous renseignent aucunement sur votre cinétique de consommation d'oxygène.

Si jamais vous désirez entreprendre un test de VO$_{2max}$, voici le protocole que j'utilise. Toutefois, avant de le réaliser, je vous demande de lire en Annexe 1 le formulaire de consentement que je fais signer à tous mes clients préalablement au test. Je veux que vous soyez bien conscient des risques encourus. Également, il est important de rencontrer votre médecin avant de procéder à ce test afin qu'il détermine si vous présentez des facteurs de risque pour votre santé qui vous empêcheraient de faire ce test.

Il s'agit d'un protocole dont l'intensité augmente progressivement, afin de permettre à votre système cardiopulmonaire de répondre le plus efficacement possible à la demande mécanique (vitesse de course).

Vous devrez au départ déterminer votre niveau. Le seul endroit où vous servira la notion de VMA dans cet ouvrage est ici, afin de déterminer votre niveau et le choix du protocole.

- **Niveau débutant (VMA jusqu'à 10 km/h).**
- **Niveau intermédiaire (VMA entre 10 et 15 km/h).**
- **Niveau avancé (VMA entre 15 et 20 km/h).**
- **Niveau expert (VMA supérieure à 20 km/h).**

Si vous ne connaissez pas votre VMA, il est fort probable que vous soyez de niveau débutant.

Pendant le test, les étapes suivantes s'enchaînent une après l'autre

Étape 1

Échauffement à la marche de 5 minutes.

Étape 2

Augmentez doucement la vitesse pour atteindre un rythme de course lent (à la limite inconfortable où la vitesse de marche est maximale et que vous devez alors transiter vers la course).

Étape 3

À cette étape, vous entrez dans le feu de l'action et en fonction de votre niveau, vous augmentez l'intensité de l'effort selon les consignes suivantes :

Pour le niveau débutant : Augmentez la vitesse de 0,5 km/h (0,3 mile/h) chaque minute.

Pour le niveau intermédiaire : Augmentez la vitesse de 1 km/h (0,6 mile/h) chaque minute.

Pour le niveau avancé : Augmentez la vitesse de 1,5 km/h (0,9 mile/h) chaque minute.

Pour le niveau expert : Augmentez la vitesse de 2 km/h (1,2 mile/h) chaque minute.

Étape 4

Une fois votre vitesse maximale de course atteinte (celle juste avant que votre mécanique de course dégrade), augmentez la pente de 1 % chaque minute.

Étape 5

Atteindre une intensité de 9 à 10/10 (voir échelle d'intensité de l'effort ci-jointe).

Notez dans le rapport à cet effet (Données du test de VO_{2max}) à la fin de chaque minute votre fréquence cardiaque, votre vitesse, la pente et votre perception de l'intensité de l'effort. Vous pourrez aussi vous référer aux données enregistrées par votre montre cardio.

IMPORTANT

Le but n'est pas de mourir en vous poussant à l'épuisement. Quand vous êtes prêt du max (9 à 10/10) ralentissez et entrez en récupération pour 10 minutes (ce qui veut dire marcher et laisser le temps à vos fonctions physiologiques de revenir à la normale).

Veuillez interrompre le test immédiatement si vous ressentez : fatigue, étourdissement, douleur à la poitrine ou autre inconfort comme des douleurs musculaires.

Il est essentiel que vous soyez assisté d'une personne lors de ce test par mesure de sécurité.

Je recommande à mes clients qui réalisent pour la première fois un test de VO_{2max} d'effectuer trois essais. Le premier est pour se familiariser avec la procédure. Le second permet de mieux maîtriser les éléments techniques propres au test. Et le troisième est le bon, celui où vous courez sans vous sentir affecté par les contraintes inévitables d'un test en mode autonome.

FIGURE 2 ÉCHELLE DE PERCEPTION DE L'EFFORT

0	1	2	3	4	5	6	7	8	9	10
Rien du tout	Très facile	Facile	Moyen	Un peu difficile	Difficile	Plus difficile	Très difficile	Très, très difficile	Extrêmement difficile	Maximum

Je vous suggère d'inscrire vos données de test, soit : la vitesse, la pente, la fréquence cardiaque atteinte dans les 10 dernières secondes de chaque minute, de même que l'intensité de l'effort perçue (en vous basant sur la Figure 2).

Données de votre test de VO_{2max}

Date :

Min	Vitesse/ tapis	Pente en %	Battement/ minute	Intensité de l'effort
Repos				
Échauffement 5 minutes				
1				
2				
3				
4				
5				
Début de la course				
6				
7				
8				
9				

Min	Vitesse/ tapis	Pente en %	Battement/ minute	Intensité de l'effort
10				
11				
12				
13				
14				
15				
16				
17				
18				
19				
20				
21				
22				
Récupération				
23				
24				
25				
26				
27				
28				
29				
30				
31				
32				

Comment établir vos zones

Je vous propose ici un moyen subjectif pour établir vos zones. J'ai observé pour cette méthode un très haut niveau de précision pour 85 % des personnes qui effectue ce test, tout en respectant le protocole que je viens de vous proposer. Donc, chez les personnes qui ont une très bonne perception de l'intensité de l'effort, l'identification du seuil d'échange gazeux et du MLSS sera fiable.

Pour le reste (15 %), elles ont de la difficulté à déterminer l'intensité de l'effort. Par exemple, sur le plan physiologique la personne est presque au maximum de ses capacités et évalue l'intensité de l'effort à 2/10 (facile), alors qu'en réalité elle est tout prêt de son maximum, soit 10/10.

Donc, si votre perception de l'intensité de l'effort est bonne et que vous êtes honnête avec vous-même, c'est-à-dire que vous ne tentez pas de vous faire croire que vous êtes moins fatigué que vous ne l'êtes vraiment, alors la méthode simple que je vous propose vous permettra de déterminer vos zones.

En utilisant l'échelle de perception de l'effort présentée précédemment, il suffit de savoir que :

1. Le seuil d'échange gazeux se présente à une échelle de 3/10 (moyen).
2. Le MLSS se présente à 8/10 (très, très difficile).
3. Le VO_{2max} se présente à 9 ou 10/10 (extrêmement difficile, maximum).

Bien sûr, une analyse par un spécialiste vous apportera une plus grande précision, mais au moins, en utilisant cette procédure, vous obtiendrez tout de même une bonne idée de vos capacités.

Tests comparatifs

Afin de mesurer votre évolution dans le temps, je vous recommande de faire un test après chaque 10 à 12 semaines d'entraînement.

Cela vous permettra de quantifier votre évolution (ou régression s'il y a surentraînement), de définir de nouveaux objectifs, et d'établir un nouveau programme d'entraînement qui vous permettra d'assurer votre progression.

Une fois votre test effectué, vous pouvez utiliser cet autre formulaire afin d'y inscrire vos résultats.

ZONES D'ENTRAÎNEMENT ET VO$_{2MAX}$

Zones	Fréquence cardiaque (en bpm)	Vitesse (en km/heure)	Dépense énergétique (en calories/minute)
Aérobie (lipides) Zone 1	Indiquez ici votre zone de fréquences cardiaques (FC), soit : _____ FC de repos jusqu'à la FC juste avant l'apparition du seuil échange gazeux	Indiquez votre vitesse juste avant l'apparition du seuil d'échange gazeux _____	Indiquez votre dépense énergétique allant du repos jusqu'à l'apparition du seuil d'échange gazeux _____
Seuil d'échange gazeux (glucides – acide lactique) Zone 2	Indiquez ici votre zone de FC , soit : _____ FC du début du seuil jusqu'à la FC juste avant l'apparition du MLSS	Indiquez ici l'étendue de votre vitesse allant du début du seuil d'échange gazeux jusqu'avant l'apparition du MLSS _____	Indiquez votre dépense énergétique allant du seuil d'échange gazeux jusqu'avant l'apparition du MLSS _____
MLSS (épuisement) Zone 3	Indiquez votre zone de FC, soit : _____ FC du début du MLSS à FC maximale	Indiquez ici l'étendue de votre vitesse allant du début du MLSS jusqu'à votre capacité maximale. _____	Indiquez votre dépense énergétique allant du MLSS à votre capacité maximale. _____
VO$_{2max}$ Zone 4	Indiquez ici votre FC maximale _____	Indiquez votre vitesse maximale _____	Indiquez votre dépense énergétique à votre capacité maximale _____

Le tableau 4 illustre comment j'établis aussi la dépense énergétique en fonction de la fréquence cardiaque et de la vitesse. Il s'agissait d'un test de VO_{2max} sur tapis roulant avec augmentation de la pente en fin de test, effectué auprès d'un de mes clients. Pour ma part, j'aime avoir un portrait évolutif de la dépense énergétique.

Vous remarquerez quelque chose de très intéressant. J'indique pour ce test la dépense énergétique à partir du seuil d'échange gazeux. Vous observerez une dépense énergétique de 15,8 calories par minute. À l'effort maximal (VO_{2max}), la dépense énergétique est de 21,7 calories par minute.

Ainsi, du repos (1,15 cal par minute) au seuil d'échange gazeux, l'augmentation de la dépense énergétique est donc de 14,65 cal par minute (15,8 – 1,15). Et, du seuil d'échange gazeux à la capacité maximale, l'augmentation de la dépense énergétique n'est que de 5,9 cal par minute (21,7 – 15,8). Ce profil de dépense énergétique serait supérieur pour un athlète d'élite, mais la réalité demeure la même pour tous. Au-delà du seuil d'échange gazeux, la capacité à produire du travail plafonne rapidement. Rappelez-vous, votre dépense énergétique en calories par minute est une autre manière d'exprimer votre consommation d'oxygène (VO2). Et lorsque vous mettez toutes ces informations en relation avec votre capacité de travail (vitesse de course), vous obtenez votre cinétique de consommation d'oxygène.

Faites le même travail d'analyse maintenant avec la vitesse. Eh oui, au-delà du seuil d'échange gazeux votre vitesse plafonne au fur et à mesure que votre fréquence cardiaque augmente.

Je sais que je vous demande d'assimiler de nombreuses informations. Cependant, prenez le temps d'analyser, de lire et de comprendre. Analysez et lisez de nouveau aussi souvent que nécessaire, car une fois que vous comprendrez comment établir votre cinétique de consommation d'oxygène, vous posséderez toutes les bases nécessaires pour définir avec précision votre objectif d'entraînement et mesurer efficacement votre progression au fil du temps.

TABLEAU 4 : DÉPENSE ÉNERGÉTIQUE EN FONCTION DE LA FRÉQUENCE CARDIAQUE ET DE LA VITESSE

Calories par minute	Fréquence cardiaque (en bpm)	Vitesse (en km/h)
15.8 (seuil d'échange gazeux)	135-140	9,3 à 9,6
16,5	141-145	9,7 à 10,1
17,2	146-150	10,2 à 10,7
17,9	151-155	10,8 à 11,2
18,6	156-160	11,3 à 11,5
20	161-165	11,6 à 12,0
20,9	166-170	12,0 (pente 1 %)
21,7 (VO_{2max})	171-176	12,0 (pente de 3 %)

Dans ce cas, nous avions complété les phases 1 et 2 du programme d'entraînement. Remarquez ce qu'il y a de fascinant dans ces données… Les résultats du test 2 indiquent que la zone 1 a été repoussée de 14 battements par minute, le MLSS de 4 battements minutes. Mais, le plus spectaculaire, la fréquence cardiaque maximale (188 bpm) du MLSS se rapproche de la fréquence cardiaque maximale (190 bpm). Ainsi, ce coureur atteint sa zone d'épuisement seulement au moment où il est tout près de sa fréquence cardiaque maximale. Il est devenu une machine d'endurance.

TABLEAU 5 : TABLEAU COMPARATIF DE 2 TESTS DE VO$_{2MAX}$

Zones	Fréquence cardique (en bpm) Test 1	Fréquence cardique (en bpm) Test 2
Zone 1 Aérobie (lipides)	55 à 163	55 à 177
Zone 2 Seuil d'échange gazeux (glucides – acide lactique)	164 à 183	178 à 187
Zone 3 MLSS (épuisement)	184 à 187	188 à 190
Zone 4 VO$_{2max}$	187	190
VO$_{2max}$	61 ml/O$_2$/kg/min	67 ml/O$_2$/kg/min

Un exemple de phase 3

Il s'agit d'une femme de 48 ans, mesurant 160 cm et pesant 52 kg avec un pourcentage de gras de 25. Son seuil d'échange gazeux s'étendait jusqu'à une fréquence cardiaque de 154 bpm et le MLSS apparaissant à une fréquence cardiaque de 164 bpm. Il s'agissait d'un entraînement pour son premier marathon.

TABLEAU 6 : PHASE 3 DU PROGRAMME D'ENTRAÎNEMENT POUR UN MARATHON

Semaine	# de séances/ distance	Fréquences cardiques cibles
21	1 X 8 km	145-150
	1 X 10 km	150-155
	1 X 12 km	145-150
	1 X 5 km	155-160
22	1 X 10 km	150-155
	1 X 15 km	145-150
	1 X 17 km	145-150
23	2 X 20 km (espacés de 48 heures)	145-150
	1 X 10 km	155-160
24	1 X 15km	145-150
	1 X 25km	145-150
	2 X 10 km	150-155
25	1 X 25km	150-155
	1 X 35km	145-150
	1 X 10 km	155-160
26	1 X 35km	145-150
	1 X 30 km	145-150
	1 X 15 km	150-155
27	3X30 km	148-152
28	2 X 20km	148-152
	1 X 40km	144-148
	2 X10km	155-160

17
DÉFINIR VOTRE OBJECTIF ET VOTRE STRATÉGIE D'ENTRAÎNEMENT

Voici les deux questions les plus importantes dont les réponses me permettent d'élaborer un programme d'entraînement adapté aux besoins de mes clients:

Question 1: quelle distance désirez-vous parcourir? 10 km, 21 km, 42 km, 50 km, etc.?

En fonction de la distance que vous désirez parcourir, votre programme comportera des particularités spécifiques.

Question 2: combien de temps par semaine pouvez-vous allouer à l'entraînement?

Si vous êtes un athlète professionnel, votre travail est de vous entraîner. Cependant, si vous avez un emploi, une famille, votre temps est limité. Dans ces circonstances, augmenter le volume et l'intensité d'entraînement n'est pas la stratégie appropriée. Vous devez trouver un équilibre, ce qui signifie adopter un volume d'entraînement réaliste.

Si vous pouvez vous entraîner 10 heures par semaine en moyenne, alors respectez cette durée d'entraînement, mais focalisez votre attention sur les stratégies d'entraînement abordées dans ce livre.

Je subdivise, dans la majorité des cas, un programme d'entraînement en quatre phases.

Phase 1: La stimulation

En fonction de l'objectif, de la cinétique de consommation d'oxygène, de la biomécanique, du statut nutritionnel et de l'état psychologique de mon client, je prépare le programme de manière à ne pas engendrer de fatigue tout au long de cette phase. Celle-ci peut durer de 8 à 10 semaines.

Le but est simple, améliorer votre cinétique de consommation d'oxygène, ce qui signifie : repousser le seuil d'échange gazeux, repousser le MLSS et augmenter le VO_{2max}. Ou, aux mêmes fréquences cardiaques pour chacune de ces zones, être capable de soutenir une vitesse plus élevée.

Si l'amélioration est satisfaisante, nous passons à la phase 2. Si celle-ci ne l'est pas, tout comme dans l'exemple de mon client présenté au début de ce livre, nous réajustons les objectifs. Ici, un travail d'analyse doit être effectué afin de déterminer les causes d'une absence de progrès satisfaisants. Plusieurs facteurs peuvent influencer négativement les résultats :

- Le poids.
- L'apparition de situations stressantes.
- Un programme trop intense pour les capacités actuelles.
- Le non-respect du plan nutritionnel.
- Le manque de sommeil ou une mauvaise qualité de sommeil.
- Des douleurs musculaires ou articulaires.
- La consommation d'un médicament apportant des effets secondaires.
- La présence d'asthme à l'effort n'ayant pas été diagnostiquée au préalable.
- Une arythmie cardiaque.
- Des allergies.
- Etc.

Rappelez-vous, courir ne suffit pas. Vous devez en tout temps analyser votre évolution, noter les conditions (ou facteurs) présentes au début de votre programme et déterminer tout au long de celui-ci celles qui changent, et influencent vos performances.

Les fruits de votre entraînement ne doivent jamais dépendre du hasard.

Phase 2 : Le développement

La phase 2 vise à repousser la zone de fréquences cardiaques où apparaît le seuil d'échange gazeux. Ici, les distances à parcourir (proportionnellement à votre objectif de départ) augmentent. Mais, vous vous entraînez principalement en zone 1.

Phase 3 : La performance

Dans cette phase, l'objectif est de pouvoir courir «votre distance» (10 km, 21 km, 42 km, 50 km) sans vous épuiser.

Vous vous familiarisez avec des distances de plus en plus grandes (toujours en lien avec «votre distance» de prédilection) et celles-ci atteignent finalement la distance que vous souhaitez parcourir. La phase 2 ayant aussi préparé vos fibres musculaires à s'adapter à des distances de plus en plus grandes, vous pouvez maintenant courir «votre distance» tout en gérant de façon extrêmement efficace vos réserves énergétiques.

Phase 4 : Le repos

Une fois la compétition complétée, vous devez prendre un temps de repos suffisamment long (2, 3 ou même 4 semaines) afin de bien récupérer et de reconstruire vos réserves énergétiques. C'est aussi le temps de prendre du recul et de faire l'analyse de votre performance. Avez-vous respecté votre stratégie ou le désir de courir vite l'a-t-il emporté sur l'intelligence?

Le repos doit aussi être intégré à votre entraînement. Entre chacune des trois premières phases, inclure une semaine de repos avec entraînement à bas volume ou quasi-repos complet est aussi très utile.

18
DES EXEMPLES CONCRETS

Voici le programme et les données d'un client qui s'entrainait pour un ultra-trail de 165 km. Il s'agit d'un homme de 32 ans, mesurant 188 cm. J'ai procédé à deux évaluation à 10 semaines d'intervalle.

COMPOSITION CORPORELLE

	Poids total (en kg)	Masse maigre (en kg)	Masse grasse (en kg)	Pourcentage de gras
Pesée 1	91,5	80,3	11,2	12,2
Pesée 2	91,0	81,5	9,5	10,4
Progrès	-0,5	+1,2	-1,7	-1,8

Que signifient ces données? Que son programme lui a permis de progresser à merveille. Il a perdu 1,7 kg de masse grasse et gagné 1,2 kg de masse maigre. Ainsi, il est évident que son corps s'est très bien adapté à son programme d'entraînement et qu'il a respecté son plan en nutrition sportive. Ainsi, son corps a eu à sa disposition l'énergie nécessaire pour s'adapter.

De plus, comme le gain de masse maigre (masse musculaire) s'est produit principalement au niveau des jambes, cela indique aussi qu'il vient d'améliorer sa capacité de propulsion. Diminution de la masse grasse et amélioration de la masse musculaire des jambes égalent meilleure efficacité globale.

Apport calorique de base

Son apport calorique de base se situe à 2 400 calories/jour, les jours sans entraînement, selon la répartition suivante :

- Protéines 120 grammes/jour, soit 480 calories ou 20 % de l'apport calorique total.

- Lipides 101 grammes/jour, soit 912 calories ou 38 % de l'apport calorique total.

- Glucides 252 grammes/jour, soit 1 008 calories ou 42 % de l'apport calorique total.

De plus, son apport doit être ajusté en fonction de sa dépense énergétique en lien avec chacune des séances de son programme d'entraînement.

Résultats comparatifs des tests de VO_{2max}

Regardons maintenant ensemble l'amélioration de ces résultats. Mais avant tout, voici la phase 1 de son programme.

TABLEAU 7 : PHASE 1 DU PROGRAMME D'ENTRAÎNEMENT

Semaine	# de séances/ distance	Fréquences cardiques cibles
1	2 X 10 km	140-145
	2 X 8 km	145-150
2	1 X 12 km	140-145
	1 X 10 km	140-145
	1 X 8 km	145-150
3	1 X 15 km	140-145
	2 X 10 km	140-145
4	3 X 12 km	140-145
5	2 X 10 km	140-145
	2 X 10 km	145-150
6	1 X 20 km	138-142
	1 X 10 km	140-145
	2 X 7 km	155-160
7	1 X 18 km	138-144
	1 X 10 km	145-150
	1 X 8 km	150-155
	1 X 5 km	155-150
8	2 X 8 km	145-150
	1 X 8 km	150-155
	1 X 8 km	155-160
	1 X 5 km	160-165
9	1 X 20 km	140-145
	1 X 20 km	145-150
	1 X 8 km	150-155
10	1 X 25 km	138-144
	2 X 15 km	145-150

TABLEAU 8 – TABLEAU COMPARATIF DES ZONES D'ENTRAÎNEMENT ET DU VO$_{2MAX}$

Zones	Test 1 Fréquence cardiaque (en bpm)	Test 1 VO$_2$ (mlO$_2$/kg/min)	Test 2 Fréquence cardiaque (en bpm)	Test 2 VO2 (mlO$_2$/kg/min)	Amélio. (%) VO$_2$
Aérobie (lipides) Zone 1	70 à 144	37,8 (entre 141 et 144 bpm)	70 à 144	42,6 (entre 140 et 144 bpm)	13
Seuil d'échange gazeux (glucides – acide lactique) Zone 2	145 à 172	47,9 (entre 170 et 172 bpm)	145 à 174	57,2 (entre 172 et 174 bpm)	19
MLSS (épuisement) Zone 3	173 à 188	59 (entre 185 et 188 bpm)	175 à 181	64,9 (entre 179 et 181 bpm)	10
VO$_{2max}$ Zone 4	188 59 mlO$_2$/kg/min	59 (à 188 bpm)	181	64,9 (à 181 bpm)	10

Vous pouvez donc constater que la phase 1 du programme a permis une amélioration de 13 % de la zone 1, de 19 % de la zone 2, de 10 % de la zone 3 et de 10 % du VO$_{2max}$. Ce dernier passant de 59 à 64,9.

Les résultats ayant dépassé nos attentes, la phase 2 du programme a été mise en place.

TABLEAU 9 – PHASE 2 DU PROGRAMME D'ENTRAÎNEMENT

Semaine	# de séances/ distance	Fréquences cardiaques cibles
11	3 X 20 km	140-145
	1 X 12 km	145-150
12	1 X 30 km	140-145
	1 X 15 km	140-145
	1 X 8 km	145-150
13	2 X 25 km	140-145
	2 X 15 km	145-150
14	3 X 10 km	140-145
15	1 X 20 km	140-145
	1 X 28 km	140-145
	2 X 10 km	145-150
16	1 X 35 km	138-142
	1 X 10 km	140-145
	1 X 5 km	155-160
17	1 X 40 km	140-145
	2 X 10 km	145-150
18	2 X 30 km	145-150
	2 X 12 km	145-150
19	2 X 40 km	140-145
20	4 X 20 km	140-145

Le tableau 10 présente les résultats pour un de mes clients que j'entraînais pour un ultra-marathon. Dans ce cas, les 2 tests ont été effectués à 9 mois d'intervalle. J'effectuais dans ce cas le suivi des entraînements en ligne au moyen du chandail Hexoskin. Je n'entre pas dans tout le détail des données comme précédemment, mais je veux simplement que vous observiez ici à quel point les fréquences cardiaques de chaque zone ont été repoussées.

Dans ce cas, nous avions complété les phases 1 et 2 du programme d'entraînement. Remarquez ce qu'il y a de fascinant dans ces données... Les résultats du test 2 indiquent que la zone 1 a été repoussée de 14 battements par minute, le MLSS de 4 battements minutes. Mais, le plus spectaculaire, la fréquence cardiaque maximale (188 bpm) du MLSS se rapproche de la fréquence cardiaque maximale (190 bpm). Ainsi, ce coureur atteint sa zone d'épuisement seulement au moment où il est tout près de sa fréquence cardiaque maximale. Il est devenu une machine d'endurance.

TABLEAU 10 : TABLEAU COMPARATIF DE 2 TESTS DE VO_{2MAX}

Zones	Fréquence cardique (en bpm) – Test 1	Fréquence cardique (en bpm) – Test 2
Zone 1 Aérobie (lipides)	55 à 163	55 à 177
Zone 2 Seuil d'échange gazeux (glucides – acide lactique)	164 à 183	178 à 187
Zone 3 MLSS (épuisement)	184 à 187	188 à 190
Zone 4 VO_{2max}	187	190
VO_{2max}	61 ml/O_2/kg/min	67 ml/O_2/kg/min

Ici, il s'agit d'une femme de 48 ans, mesurant 160 cm et pesant 52 kg avec un pourcentage de gras de 25. Son seuil d'échange gazeux s'étendait jusqu'à une fréquence cardiaque de 154 bpm et le MLSS apparaissant à une fréquence cardiaque de 164 bpm. Il s'agissait d'un entraînement pour son premier marathon.

TABLEAU 11 : PHASE 3 DU PROGRAMME D'ENTRAÎNEMENT POUR UN MARATHON

Semaine	# de séances/ distance	Fréquences cardiaques cibles
21	1 X 8 km	145-150
	1 X 10 km	150-155
	1 X 12 km	145-150
	1 X 5 km	155-160
22	1 X 10 km	150-155
	1 X 15 km	145-150
	1 X 17 km	145-150
23	2 X 20 km (espacées de 48 heures)	145-150
	1 X 10 km	155-160
24	1 X 15km	145-150
	1 X 25km	145-150
	2 X 10 km	150-155
25	1 X 25km	150-155
	1 X 35km	145-150
	1 X 10 km	155-160
26	1 X 35km	145-150
	1 X 30 km	145-150
	1 X 15 km	150-155
27	3X30 km	148-152
28	2 X 20km	148-152
	1 X 40km	144-148
	2 X10 km	155-160

Je ne peux malheureusement être plus spécifique au niveau des programmes d'entraînement, car ceux-ci doivent être développés individuellement en fonction de votre niveau actuel et de vos objectifs.

Les athlètes professionnels ou d'élite que j'évalue sont déjà encadrés par des entraîneurs de haut niveau. Mon rôle se résume à évaluer, tel que présenté dans ce livre, la capacité de ces athlètes et identifier les facteurs spécifiques sur lesquels doivent travailler l'athlète et son entraîneur.

19
COMMENT S'ENTRAÎNER PAR INTERVALLES (FRACTIONNÉ)

Suis-je contre l'entraînement par intervalles de haute intensité? Non, je suis contre seulement si vous tentez de vous entraîner toujours à haute intensité. De cette manière, vous videz vos réserves énergétiques.

Quelles sont donc les zones que je préconise pour l'entraînement par intervalles de haute intensité? Servons-nous des tableaux suivants pour bien illustrer mon explication.

Imaginons que le seuil d'échange gazeux apparaît encore une fois à 135 battements/minute et le MLSS apparaît à 162 battements/minute, tel que présenté au tableau 12. J'ai aussi abordé la subdivision des zones au chapitre 21.

TABLEAU 12 : EXEMPLE DE L'APPARITION DES SEUILS

Seuils	Fréquence cardiaque
Échange gazeux	135
MLSS	162
VO_{2MAX}	177

Au départ, je calcule la fréquence cardiaque se situant à mi-chemin entre le seuil d'échange gazeux et le MLSS. Dans l'exemple actuel, la fréquence est de 149 bpm. Voici les étapes du calcul. Vous devrez inclure dans ces calculs vos propres données.

Étape 1

FC du MLSS – FC seuil d'échange gazeux, soit : 162 – 135 = 27

Étape 2

Diviser la différence par 2, soit : 27 ÷ 2 = 14 (nombre arrondi).

Étape 3

Additionner le nombre obtenu à l'étape 2 à la FC du seuil d'échange gazeux soit : 135 + 14.

Ainsi, la fréquence cardiaque se situant à 50 % de l'écart entre le seuil d'échange gazeux et le MLSS se situe à 149 bpm (150 bpm si vous désirez simplifier en arrondissant). Je viens alors de subdiviser la zone du seuil d'échange gazeux (135 bpm à 162 bpm) en deux.

Le tableau 13 présente la subdivision des zones.

TABLEAU 13 : SUBDIVISON DES ZONES

Zones	Fréquences cardiaques
Zone 1 (aérobie - lipides)	70 à 135
Zone 2 (aérobie - glucides)	136 à 150
Zone 3 (aérobie - glucides)	151 à 162
Zone 4 (anaérobie - glucides)	163 à 177
Zone 5 (anaérobie - glucides)	177 (et vitesse supérieure à VO_{2MAX})

Découlant des données relatives à cet exemple, la zone de prédilection pour les intervalles de haute intensité se situe dans la zone de fréquence cardiaque se situant entre 151 et 162 bpm. Voici comme j'établirais un programme d'intervalles long et d'intervalles courts.

Phase préparatoire

Avant même d'entreprendre votre séance d'intervalles (fractionné), vous devez préparer votre corps adéquatement. Vous devez vous échauffer, selon le programme suivant.

- Dix minutes de cardio à basse intensité (marche) afin de préparer votre système cardiopulmonaire à fournir l'effort demandé.
- Dix minutes d'étirements afin de préparer adéquatement vos muscles.
- Cinq minutes de course en zone 2.

Intervalles longs

Pour les intervalles longs, j'utilise une zone 3. Ceci me permet de situer une zone idéale pour les intervalles longs de 151 à 162 bpm, toujours avec l'exemple utilisé jusqu'à présent.

Une fois la phase préparatoire effectuée, voici un exemple de séance à suivre.

Six à 7 intervalles de 90 à 120 secondes en respectant une zone de fréquences cardiaques se situant entre 151 à 162 bpm. Respecter un temps de récupération de 3 minutes entre chaque intervalle.

Intervalles courts

Les intervalles courts s'effectueront dans la zone de fréquences cardiaques du début du MLSS. Dans notre exemple soit 163 à 168 bpm constitueront la zone idéale.

Une fois la phase préparatoire effectuée, comment procéder?

Six à 7 intervalles de 30 à 60 secondes. Respecter un temps de récupération de 3 minutes entre chaque intervalle.

Le tableau 12 résume les explications précédentes.

TABLEAU 14 – EXEMPLE DES ZONES À RESPECTER
POUR L'ENTRAÎNEMENT PAR INTERVALLES

Entraînement	Fréquences cardiaques
Zone 1	130 à 135
Zone 2	136 à 150
Zone 3 (intervalles longs 90 à 120 secondes)	151 à 162
Zone 4 (intervalles courts 30 à 60 secondes)	163 à 168

Je viens d'identifier au tableau 14 les zones de fréquences cardiaques, mais il est souvent plus facile d'y associer vos vitesses afin de cibler une vitesse et non seulement votre fréquence cardiaque si vous jugez cela plus facile à gérer.

Nombre de séances en intervalles

Pour les débutants, je vous recommande de ne pas effectuer plus d'une séance d'intervalles à l'intérieur d'une période de 2 semaines. Pour les coureurs de niveau intermédiaire, une séance par semaine est suffisante.

Vous entraîner par intervalles (fractionné) de cette manière ne vous épuisera aucunement. Il est très rare que je pousse mes clients, à 95 % ou 100 % de leur capacité maximale, parce que je n'y vois pas d'utilité. Je n'y vois que des risques de blessures.

Pour l'élite

Je viens de vous présenter une approche générale à l'entraînement fractionné. Au niveau élite cependant, pour moi, la notion d'intervalles perd un peu son sens. En fait, les intervalles peuvent être dans certains cas prolongés à plusieurs minutes.

Imaginons que vous avez atteint votre endurance maximale et votre VO_{2max} ultime et que rien ne vous permettra d'atteindre un plus haut niveau de condition physique. Est-ce que cela signifie que vous ne pourrez jamais courir plus vite? Eh bien, je peux miser sur 2 éléments-clés en lien avec votre performance : votre biomécanique et vos réserves énergétiques.

Imaginons qu'à 172 battements par minute, cette fréquence cardiaque représente la zone de transition entre l'endurance et l'épuisement. Le but est de pouvoir maintenir une FC de 172 bpm le plus longtemps possible. Allons-y avec un intervalle de 10 minutes pendant lequel l'athlète tente de maintenir une fréquence cardiaque de 172 bpm. Je vais alors analyser en temps réel plusieurs paramètres :

- L'évolution de la fréquence cardiaque.
- L'évolution de la fatigue.
- Le maintien ou la perte de la biomécanique idéale.
- Le volume et l'amplitude respiratoire.

Ainsi, si après 8 minutes d'effort mon athlète présente des signes de fatigue, je lui demanderai de ralentir, afin de retrouver sa biomécanique idéale, reconstruire ses réserves énergétiques et retrouver son contrôle sur la situation. Je veux qu'en aucun cas il ne se mette à lutter contre la fatigue, je veux qu'il s'amuse avec elle. Je pourrai lui demander ensuite d'accélérer de nouveau jusqu'à l'apparition de nouveaux signes de fatigue et déterminer à ce moment comment gérer efficacement cette nouvelle phase de fatigue qui s'installe.

Au lieu de pousser la machine à bout dans l'espoir que rien ne flanche, nous poussons la machine tout près de ses limites, tout en lui permettant de récupérer au besoin. La durée des intervalles devient ainsi rapidement de plus en plus longue. Nous augmentons la capacité de plusieurs groupes musculaires à maintenir un rythme de contraction élevé… de plus en plus longtemps.

Est-ce que cela change un peu votre vision de l'entraînement fractionné? Rappelez-vous, le terme entraînement ne signifie rien en lui-même s'il n'est pas placé dans un contexte précis.

20
LA PSYCHOLOGIE DU COUREUR

Ah! La performance. Bien sûr, le désir de s'améliorer est normal pour un coureur. Cependant, le seul désir de vouloir courir plus vite conduit trop souvent à un problème majeur. Vous ne faites que penser à l'écart négatif qui existe entre votre temps (« pace », vitesse… choisissez ici le terme qui vous convient) et celui que vous souhaitez atteindre. Et que faites-vous pour combler cet écart négatif? Vous tentez de courir plus rapidement. Pourquoi? Parce que vous croyez que pour courir plus vite, vous devez courir plus vite. Mais, tenter de courir de plus en plus rapidement ne constitue pas une stratégie d'entraînement.

Vous désirez atteindre votre objectif? Alors, adoptez une stratégie d'entraînement, pas une croyance. C'est ce que ce livre vous propose, une stratégie.

Dès que votre cerveau se met à calculer un écart de temps, vos pensées deviennent négatives. Du genre : « Ah je n'y arriverai jamais dans le temps que je visais ». Donc l'échec constitue votre seul outil de mesure et mentalement, cela nuit considérablement à vos possibilités d'amélioration.

En tant que coureur, vous devez maîtriser les connaissances présentées dans ce livre, évaluer vos capacités, apprendre à vous connaître, définir un plan d'entraînement stratégique et mesurer votre progression régulièrement.

En agissant ainsi, vous réaliserez selon moi un exploit mental… Vous éliminerez les possibilités d'échecs. Au lieu de percevoir en tout temps l'échec et lutter contre elle, vous planifiez alors votre progression. Cette attitude différencie à mon avis les perdants des gagnants.

Pour moi, un perdant est quelqu'un qui se bat pour une croyance qui ne le conduit nulle part.

PARTIE 4
COMMENT PLANIFIER VOTRE PROGRESSION

21

LES DÉTERMINANTS DE LA PERFORMANCE

J'emprunte de mon livre *Planifier la performance sportive : penser pour réussir, agir pour conquérir*, la figure qui résume l'interrelation qui existe entre les différents déterminants de la performance.

Au risque de me répéter, vous constaterez que courir ne suffit pas. L'amélioration des performances repose sur un système dynamique et complexe, ou plusieurs variables s'influencent mutuellement.

Si vous continuez à vouloir courir le plus vite possible, le plus souvent possible, sans tenir compte des variables qui déterminent la performance, vous resterez alors à tout jamais un coureur médiocre.

FIGURE 3 : LES DÉTERMINANTS DE LA PERFORMANCE

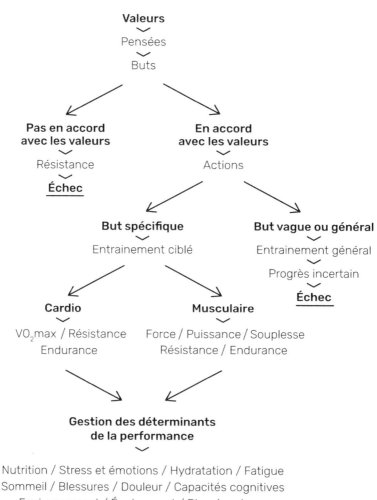

22

VOTRE LISTE DE VÉRIFICATION OU MIEUX ENCORE, LES ÉTAPES DE VOTRE PROGRESSION.

Je vous fournis ici la manière dont je « planifie la performance ». Je vous le rappelle, c'est un travail ardu, mais je veux me sentir en contrôle de la progression de mes clients et non laisser le tout au simple hasard.

Je vous invite à tenir un journal quotidien de vos activités afin de pouvoir toujours expliquer les raisons de vos succès… et de vos échecs. Non, rien ne doit être laissé au hasard.

Voici les étapes à franchir :

Effectuer votre test de VO_{2max} et déterminer vos zones.

Je crois que ce livre a abordé ce sujet en profondeur.

Utiliser votre balance à impédance afin d'obtenir votre pourcentage de gras

En mesurant votre pourcentage de gras, vous obtenez automatiquement l'information sur votre masse maigre. Pesez-vous chaque semaine afin d'obtenir une courbe de tendance dans le temps. Fiez-vous davantage à la courbe de tendance qui se dessinera au cours des semaines et évitez le plus possible de comparer deux pesées, car les variations obtenues avec ces balances conduisent souvent à une mauvaise interprétation des résultats.

Une perte de masse maigre indique la plupart du temps que votre apport calorique est insuffisant, que votre corps ne s'adapte pas efficacement aux demandes liées à l'entraînement ou que vous êtes en situation de surentraînement.

Quand un tel scénario se présente, il faut agir vite pour corriger la situation. Si vous ne le faites pas, le temps que vous investissez à l'entraînement ne contribue alors aucunement à votre progression. Vous perdez votre temps et régressez tout simplement. J'imagine que ce n'est pas ce que vous souhaitez.

Définir votre objectif

Je ne parle pas ici de définir vos objectifs en termes de temps pour courir une distance donnée, mais bien en adressant l'aspect de vos capacités physiologiques. Devez-vous améliorer votre endurance (repousser votre seuil d'échange gazeux)? Ou, si vous êtes un athlète d'élite qui a atteint le maximum humainement possible de sa condition physique, orienter son entraînement sur des aspects techniques de la biomécanique de course ou la gestion des réserves énergétiques par exemple.

Élaborer un programme qui vous permettra d'atteindre votre objectif

Il est très rare qu'un programme standard développé pour tout le monde soit efficace très longtemps. Je pense qu'il est important de vous tourner vers un entraîneur professionnel afin d'obtenir un programme personnalisé. Si le programme qu'il vous propose ne tient pas compte de votre objectif et qu'il vise à vous amener à courir le plus vite possible, le plus souvent possible, et bien, sauvez-vous en courant.

Toutes les 12 semaines, mesurez vos progrès

Oui, toutes les 12 semaines, je vous invite à effectuer un nouveau test de VO_{2max}, afin de quantifier vos progrès, tel que je vous l'ai expliqué dans ce livre. En fonction des progrès obtenus, vous devez alors définir un nouvel objectif et modifier votre programme d'entraînement en conséquence.

Inclure le repos dans votre entraînement

Ne vous croyez pas invincible. Vous devez inclure dans votre programme d'entraînement des périodes de repos.

Au risque de me répéter, l'entraînement est la stimulation (stress) qui dit à votre corps qu'il doit s'adapter, et c'est pendant le repos qu'il s'adapte. Si les périodes de repos sont insuffisantes, l'adaptation devient impossible.

Également, la durée de vos nuits de sommeil (de même que la qualité de votre sommeil) doit augmenter en fonction du volume d'entraînement.

À très haut volume, des nuits de 12 à 14 heures de sommeil deviennent nécessaires.

Un sommeil insuffisant et de mauvaise qualité empêche l'adaptation.

Prenez des notes, beaucoup de notes

Je vous conseille fortement de tenir un journal que vous remplirez chaque jour, afin de noter les informations suivantes :

Journée de repos	Journée d'entraînement
Niveau de fatigue durant la journée (0 = aucune fatigue ; 10 = totalement épuisé) :	Durée de l'entraînement :
Hydratation durant la journée (0 = je ne m'en suis pas préoccupé ; 10 = Gérée à la perfection) :	Vitesse moyenne de course :
Présence de douleurs musculaires ou articulaires :	Fréquence cardiaque moyenne :
Durée du sommeil de la nuit précédente :	Niveau de fatigue après l'entraînement (0 = aucune fatigue ; 10 = totalement épuisé)

Qualité du sommeil de la nuit
précédente (0 = mauvaise qualité ;
10 = Excellente)

_____

Dépense énergétique quotidienne
total :

_____

Apport calorique total :

_____

Niveau de stress psychologique
dans la journée (0 = aucun stress ;
10 = totalement stressé)

_____

Nombre d'heures de travail :

_____

Nombre d'heures allouées
à la famille :

_____

Nombre d'heures allouées aux
loisirs (autre que l'entraînement) :

_____

Niveau de fatigue durant la journée
(0 = aucune fatigue ;
10 = totalement épuisé) :

_____

Température et taux d'humidité
durant la journée :

_____

Niveau de fatigue durant la journée
(0 = aucune fatigue ;
10 = totalement épuisé) :

_____

Température et taux d'humidité
pendant l'entraînement :

_____

Hydratation durant
l'entraînement (0 = je ne m'en suis
pas préoccupé ; 10 = Gérée à la
perfection) :

_____

Présence de douleurs musculaires
ou articulaires :

_____

Durée du sommeil de la nuit
précédente :

_____

Qualité du sommeil de la nuit
précédente (0 = mauvaise qualité ;
10 = Excellente)

_____

Dépense énergétique quotidienne
total (incluant l'entraînement) :

_____

Apport calorique total :

_____

Niveau de stress psychologique
durant l'entraînement (0 = aucun
stress ; 10 = totalement stressé)

_____

Présence de douleurs musculaires ou articulaires :

_____

Niveau de stress psychologique dans la journée (0 = aucun stress ; 10 = totalement stressé)

_____

Nombre d'heures de travail :

_____

Nombre d'heures allouées à la famille :

_____

Nombre d'heures allouées aux loisirs (autre que l'entraînement) :

_____

En prenant chaque jour des notes concernant l'ensemble des variables qui influencent vos performances, il devient alors facile de déterminer les raisons de vos bonnes performances et les causes de votre échec.

Si vous ne procédez pas ainsi, lorsque vous rencontrez des difficultés, vous ne faites alors que ruminer vos pensées et émotions négatives, car vous n'avez alors aucun contrôle sur la situation.

Il est primordial de pouvoir expliquer un progrès ou une régression afin d'agir en conséquence, et non passer des heures inutiles à se plaindre que tout va mal.

23
CONNAISSANCES, RESSOURCES ET STRATÉGIES

Ce livre, je l'espère, vous aura permis d'acquérir ce que je nomme le « concept global » de performance.

Vous avez acquis les connaissances nécessaires concernant votre physiologie et les facteurs qui influencent la performance.

Vous mettez en place les ressources (et outils) pour évaluer et mesurer au fil du temps votre capacité et votre évolution.

Vous appliquez les stratégies qui vous permettent d'atteindre vos objectifs.

Ainsi, votre performance repose sur des connaissances de pointe, des mesures concrètes, et des stratégies d'entraînement adaptées à vous-même.

ANNEXE 1
FORMULAIRE
DE CONSENTEMENT

1. Explication du test de VO$_{2max}$.

Vous allez effectuer un test de VO$_{2max}$ (ci-après appelé « test ») sur tapis roulant. Le test débutera à faible intensité et augmentera progressivement, le tout selon votre niveau de condition physique. Il est important pour vous de comprendre que vous pouvez interrompre vous-même le test à n'importe quel moment, et ce, peu importe la raison. Votre santé et votre sécurité demeurent en tout temps la priorité.

2. Risques et inconforts

Il existe la possibilité que certains changements se manifestent durant le test. Ceci inclut : une tension artérielle anormale, faiblesse, étourdissement, rythme cardiaque irrégulier lent ou rapide et en de rares occasions, une crise cardiaque, un accident vasculaire cérébral ou la mort. Il est important que vous soyez accompagné durant ce test afin d'assurer votre sécurité.

3. Responsabilités du participant

Toute information que vous possédez sur votre état de santé et/ ou vos expériences passées face à des symptômes cardiaques à l'effort tels : souffle court lors d'activités physiques de faible intensité, douleur, pression, serrement, lourdeur à la poitrine, au cou, à la mâchoire au dos, ou dans les bras, peuvent influencer la sécurité lors du test. Vous devez ainsi obtenir l'autorisation de votre médecin avant d'effectuer le test.

Si vous présentez des facteurs de risque tels : hypertension, taux de cholestérol élevé, surplus de poids ou obésité, diabète, stress élevé, fatigue ou manque de sommeil, il est essentiel de consulter votre médecin avant de procéder au test afin d'obtenir son autorisation.

4. Consentement libre et éclairé

Je _____ (nom en lettres moulées) consent volontairement à effectuer le test de VO_{2max} afin de déterminer ma capacité physique à l'effort et mon état de santé cardiovasculaire. Ma décision de procéder au test est donnée volontairement. Je comprends que je suis libre d'interrompre le test à n'importe quel moment si je le désire.

J'ai lu ce formulaire de consentement, je comprends les procédures du test que j'effectuerai et je suis conscient des risques et inconforts qui peuvent se présenter. Conscient de ces risques et inconforts potentiels, j'ai pris la décision d'effectuer le test.

_____

Date

_____

Signature

RÉFÉRENCES

Voici quelques références pour les personnes qui désirent approfondir les sujets abordés dans ce livre.

- Brooks, George A.; Fahey D., Thommas & Baldwin, Kenneth. *Exercise Physiology : Human Bioenergetics and Its Applications*. 4th ed. McGraw-Hill, 2005.

- Enoka, Roger & Duchateau, Jacques (2016). Translating Fatigue to Human Performance : Medicine & Science in Sports & Exercise, 48(1) pp. 2228-2238.

- Geva, Nirit; Pruessner, Jens; Defrin, Ruth (2017). Triathletes Lose Their Advantageous Pain Modulation under Acute Psychological Stress. *Medicine & Science in Sports & Exercise*, 49(2) pp. 333-341.

- Grassi, Bruno; Rossiter, Harry B.; Zoladz, Jerzy A. (2015). Skeletal Muscle Fatigue and Decreased Efficiency: Two Sides of the Same Coin? Exercise and Sport Sciences Reviews, 43(2) pp. 75-83.

- Poole, David C., and Andrew M. Jones. "Oxygen Uptake Kinetics." In *Comprehensive Physiology*, edited by Ronald Terjung. Hoboken, NJ, USA: John Wiley & Sons, Inc., 2012.

DU MÊME AUTEUR

- Voilà pourquoi tu resteras GROS toute ta vie
- GURU Sunshine t'explique comment conquérir l'inutile et devenir quelqu'un d'authentiquement faux
- Planifier la performance sportive : penser pour réussir, agir pour conquérir
- Les secrets de l'incompétence enfin dévoilés (À venir)
- Protocole Résurrection (Thriller scientifique)
- Conscience Artificielle : La fin du monde arrive en silence (Thriller scientifique)
- Contact avec les morts (Fiction, horreur)
- Le Cercle du Temps : Perdus au temps des dinosaures (Enfants - À venir)

CONTACT

Denis Boucher
www.denisboucher.com
info@denisboucher.com